Learn Swedish with A Case of Booze and Other Stories

HypLern Interlinear Project
www.hyplern.com

Second edition: 2025, August

Author: Sigge Strömberg
Translation: Kees van den End
Foreword: Camilo Andrés Bonilla Carvajal PhD

ISBN: 978-1-989643-66-2

kees@hyplern.com
www.hyplern.com

Learn Swedish with A Case of Booze and Other Stories

Interlinear Swedish to English

Author
Sigge Strömberg

Translation
Kees van den End

HypLern Interlinear Project
www.hyplern.com

The HypLern Method

Learning a foreign language should not mean leafing through page after page in a bilingual dictionary until one's fingertips begin to hurt. Quite the contrary, through everyday language use, friendly reading, and direct exposure to the language we can get well on our way towards mastery of the vocabulary and grammar needed to read native texts. In this manner, learners can be successful in the foreign language without too much study of grammar paradigms or rules. Indeed, Seneca expresses in his sixth epistle that "Longum iter est per praecepta, breve et efficax per exempla[1]."

The HypLern series constitutes an effort to provide a highly effective tool for experiential foreign language learning. Those who are genuinely interested in utilizing original literary works to learn a foreign language do not have to use conventional graded texts or adapted versions for novice readers. The former only distort the actual essence of literary works, while the latter are highly reduced in vocabulary and relevant content. This collection aims to bring the lively experience of reading stories as directly told by their very authors to foreign language learners.

Most excited adult language learners will at some point seek their teachers' guidance on the process of learning to read in the foreign language rather than seeking out external opinions. However, both teachers and learners lack a general reading technique or strategy. Oftentimes, students undertake the reading task equipped with nothing more than a bilingual dictionary, a grammar book, and lots of courage. These efforts often end in frustration as the student builds mis-constructed nonsensical sentences after many hours spent on an aimless translation drill.

Consequently, we have decided to develop this series of interlinear translations intended to afford a comprehensive edition of unabridged texts. These texts are presented as they were originally written with no changes in word choice or order. As a result, we have a translated piece conveying the true meaning under every word from the original work. Our readers receive then two books in just one volume: the original version and its translation.

The reading task is no longer a laborious exercise of patiently decoding unclear and seemingly complex paragraphs. What's more, reading becomes an enjoyable and meaningful process of cultural, philosophical and linguistic learning. Independent learners can then acquire expressions and vocabulary while understanding pragmatic and socio-cultural dimensions of the target language by reading in it rather than reading about it.

Our proposal, however, does not claim to be a novelty. Interlinear translation is as old as the Spanish tongue, e.g. "glosses of [Saint] Emilianus", interlinear bibles in Old German, and of course James Hamilton's work in the 1800s. About the latter, we remind the readers, that as a revolutionary freethinker he promoted the publication of Greco-Roman classic works and further pieces in diverse languages. His effort, such as ours, sought to lighten the exhausting task of looking words up in large glossaries as an educational practice: "if there is any thing which fills reflecting men with melancholy and regret, it is the waste of mortal time, parental money, and puerile happiness, in the present method of pursuing Latin and Greek[2]".

Additionally, another influential figure in the same line of thought as Hamilton was John Locke. Locke was also the philosopher and translator of the Fabulae AEsopi in an interlinear plan. In 1600, he was already suggesting that interlinear texts, everyday communication, and use of the target language could be the most appropriate ways to achieve language learning:

> ...the true and genuine Way, and that which I would propose, not only as the easiest and best, wherein a Child might, without pains or Chiding, get a Language which others are wont to be whipt for at School six or seven Years together...[3]

---

1 "The journey is long through precepts, but brief and effective through examples". Seneca, Lucius Annaeus. (1961) Ad Lucilium Epistulae Morales, vol. I. London: W. Heinemann.

2 In: Hamilton, James (1829?) History, principles, practice and results of the Hamiltonian system, with answers to the Edinburgh and Westminster reviews; A lecture delivered at Liverpool; and instructions for the use of the books published on the system. Londres: W. Aylott and Co., 8, Pater Noster Row. p. 29.

3 In: Locke, John. (1693) Some thoughts concerning education. Londres: A. and J. Churchill. pp. 196-7.

Who can benefit from this edition?

We identify three kinds of readers, namely, those who take this work as a search tool, those who want to learn a language by reading authentic materials, and those attempting to read writers in their original language. The HypLern collection constitutes a very effective instrument for all of them.

1. For the first target audience, this edition represents a search tool to connect their mother tongue with that of the writer's. Therefore, they have the opportunity to read over an original literary work in an enriching and certain manner.

2. For the second group, reading every word or idiomatic expression in its actual context of use will yield a strong association between the form, the collocation, and the context. This will have a direct impact on long term learning of passive vocabulary, gradually building genuine reading ability in the original language. This book is an ideal companion not only to independent learners but also to those who take lessons with a teacher. At the same time, the continuous feeling of achievement produced during the process of reading original authors both stimulates and empowers the learner to study[1].

3. Finally, the third kind of reader will notice the same benefits as the previous ones. The proximity of a word and its translation in our interlinear texts is a step further from other collections, such as the Loeb Classical Library. Although their works might be considered the most famous in this genre, the presentation of texts on opposite pages hinders the immediate link between words and their semantic equivalence in our native tongue (or one we have a strong mastery of).

---

1 Some further ways of using the present work include:

1. As you progress through the stories, focus less on the lower line (the English translation). Instead, try to read through the upper line, staying in the foreign language as long as possible.

2. Even if you find glosses or explanatory footnotes about the mechanics of the language, you should make your own hypotheses on word formation and syntactical functions in a sentence. Feel confident about inferring your own language rules and test them progressively. You can also take notes concerning those idiomatic expressions or special language usage that calls your attention for later study.

3. As soon as you finish each text, check the reading in the original version (with no interlinear or parallel translation). This will fulfil the main goal of this

collection: bridging the gap between readers and original literary works, training them to read directly and independently.

Why interlinear?

Conventionally speaking, tiresome reading in tricky and exhausting circumstances has been the common definition of learning by texts. This collection offers a friendly reading format where the language is not a stumbling block anymore. Contrastively, our collection presents a language as a vehicle through which readers can attain and understand their authors' written ideas.

While learning to read, most people are urged to use the dictionary and distinguish words from multiple entries. We help readers skip this step by providing the proper translation based on the surrounding context. In so doing, readers have the chance to invest energy and time in understanding the text and learning vocabulary; they read quickly and easily like a skilled horseman cantering through a book.

Thereby we stress the fact that our proposal is not new at all. Others have tried the same before, coming up with evident and substantial outcomes. Certainly, we are not pioneers in designing interlinear texts. Nonetheless, we are nowadays the only, and doubtless, the best, in providing you with interlinear foreign language texts.

Handling instructions

Using this book is very easy. Each text should be read at least three times in order to explore the whole potential of the method. The first phase is devoted to comparing words in the foreign language to those in the mother tongue. This is to say, the upper line is contrasted to the lower line as the following example shows:

Men	biträdet	var	där	förc	honom.
But	the assistant	was	there	before	him

The second phase of reading focuses on capturing the meaning and sense of the original text. As readers gain practice with the method, they should be able to focus on the target language without getting distracted by the translation. New users of the method, however, may find it helpful to cover the translated lines with a piece of paper as illustrated in the image below. Subsequently, they try to understand the meaning of every word, phrase, and entire sentences in the target language itself, drawing on the translation only when necessary. In this phase, the reader should resist the temptation to look at the translation for every word. In doing so, they will find that they are able to understand a good portion of the text by reading directly in the target language, without the crutch of the translation. This is the skill we are looking to train: the ability to read and understand native materials and enjoy them as native speakers do, that being, directly in the original language.

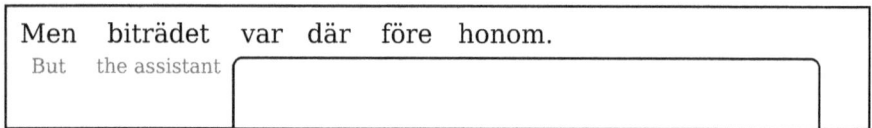

Men	biträdet	var	där	före	honom.
But	the assistant				

In the final phase, readers will be able to understand the meaning of the text when reading it without additional help. There may be some less common words and phrases which have not cemented themselves yet in the reader's brain, but the majority of the story should not pose any problems. If desired, the reader can use an SRS or some other memorization method to learning these straggling words.

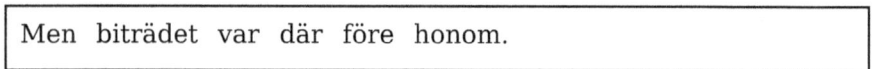

Men biträdet var där före honom.

Above all, readers will not have to look every word up in a dictionary to read a text in the foreign language. This otherwise wasted time will be spent concentrating on their principal interest. These new readers will tackle authentic texts while learning their vocabulary and expressions to use in further communicative (written or oral) situations. This book is just one work from an overall series with the same purpose. It really helps those who are afraid of having "poor vocabulary" to feel confident about reading directly in the language. To all of them and to all of you, welcome to the amazing experience of living a foreign language!

Additional tools

Check out shop.hyplern.com or contact us at info@hyplern.com for free mp3s (if available) and free empty (untranslated) versions of the eBooks that we have on offer.

For some of the older eBooks and paperbacks we have Windows, iOS and Android apps available that, next to the interlinear format, allow for a pop-up format, where hovering over a word or clicking on it gives you its meaning. The apps also have any mp3s, if available, and integrated vocabulary practice.

Visit the site hyplern.com for the same functionality online. This is where we will be working non-stop to make all our material available in multiple formats, including audio where available, and vocabulary practice.

Table of Contents

Chapter   Page

EN SPRITAFFÄR

EN SPRITAFFÄR
A Booze-Affair

Det här hände i den gamla, goda tiden, då
That here happened in the old good -the- time then (when)

restriktionerna inte ännu voro uppfunna. Runt
the restrictions not yet were invented Around

kajerna i den stora sjöstaden vandrade många
the docks in the large -the- sea-city wandered many

underliga existenser, som togo emot fartygens
strange beings who took to (up) the vessel's

trossar och gingo ärenden för befälet för en
mooring ropes and went (on) errands for the order for a

tolvskilling, vilken sedan omedelbart omsattes
twelve shilling (coin) which after immediately was exchanged

i ett par flaskor med tilltugg. Bland dessa
in (for) a few bottles with (and) snacks Between these

hamnens typer var Kalle Skjorta en bland de bäst
harbor's types was Kalle Skjorta on between the best

kända och anlitade. Ty Kalles hjärna hade inte
known and hired Since Kalle's brain had not

ännu fullkomligt bortbränts av systemsprit, och
yet totally was burned away of system booze and
(by) (cheap booze)

gällde det en mera delikat affär, som smuggling
concerned it a more delicate affair like smuggling

eller annat, så var hans medarbetarskap mycket
or else so was his co-worker-ness much
(help)

anlitat.
hired

En het sommardag hade emellertid Kalle inte
One hot summerday had meanwhile Kalle not

lyckats förtjäna ett korvöre, och törsten var
succeeded to earn one bean and the thirst was
(penny)

följaktligen ytterst pinsam. Stenpållaren som han
consequently quite painful The stone pillar which he

3

satt stödd emot brände het, presenningen över
sat supported against burned hot the tarpaulins over

säckstapeln bredvid luktade tjära, och över
the heaps of bags next (to him) smelled (like) tar and over

ångaren Venus' svarta plåtdäck stod luften
the steamboat Venus' black flat deck stood the air

dallrande av värme.
trembling of heat

Kalle Skjortas blick gled slött över Venus' däck.
Kalle Skjortas glance glided dully over Venus' deck

Skulle han försöka tigga en tolvskilling av kapten
Should he try to beg a twelve shilling of captain

Olson eller styrman? Man var ju gamla bekanta.
Olson or first mate One was indeed old familiars

Eller kanske det fanns något skrot ombord som
Or maybe it (there) was found some scrap on board which

man kunde lägga vantarna på och realisera.
one could put the mitts on and sell off

Nej, på däck låg ingenting   utom   en kutting om
No   on deck lay nothing   apart from a   barrel of

trettio liters rymd, och den var det nog inte värt
thirty liter space and that was it   still not worth

att knycka. Men... Det fräste till   i   Kalle Skjortas
to   filch   But   It   milled -to- in   Kalle Skorta's

hjärna, och med ett flin, som   blottade trettiotvå
brain   and with a   grin which bared   thirtytwo

snusiga tänder, reste han sig   och gick ombord
brownish teeth   rose   he   himself and went on board

för att ta   reda på styrman.
for to take find on steering-man
              search out (the first mate)

En   halvtimme   senare steg   den välkände
A   half hour   later   stepped the well-known

hamnbusen   Kalle Skjorta in   i   Larsons
-the- harbor-rascal Kalle Skjorta inside in Larson's

vinhandel bärande   en kagge över axeln:
wineshop   carrying   a   keg   over the shoulder

"Jag skulle hälsa från kapten Olson på Venus
I should greet from captain Olson on (the) Venus

och få tjugu liter konjak av den vanliga sorten
and get twenty liters cognac of the usual -the- type

på den här kaggen. Det är tio liter i förut."
on this here -the- keg It is ten liters in advance
(There) in it already

"Det skall bli", sade biträdet, tog emot kaggen
It shall be said the assistant took -towards- the keg

och skickade en lagerkarl bort att fylla den.
and sent a stock-man away to fill it
(warehouse porter)

Kalle Skjorta väntade lugnt på sin vara och
Kall Skjorta waited calmly on his wares and
(for)

underhöll under tiden biträdet med en del
entertained during the time the assistant with a part
some

historier från hamnen, ty Kalle var sällskapligt
stories from the harbor since Kalle was sociable

anlagd och alls inte hög. Så kom kaggen
predispositioned and all not high So came the keg
(aloof)

tillbaka, och Kalle svängde med en elegant gest
back and Kalle swung with an elegant gesture

upp den på axeln:
up it on the shoulder

"Kapten tittar in och betalar när han går förbi!"
Captain looks in and pays when he goes past

sade han flott och närmade sig dörren.
said he quick and approached himself the door

Men biträdet var där före honom.
But the assistant was there before him

"Nej, stopp, min gubbe lilla, kapten Olson brukar
No stop my fellow little captain Olson uses
my old man

alltid betala kontant."
always to pay cash

"Vafalls", sade Kalle Skjorta. "Är inte kapten Olson
Pardon said Kalle Skjorta Is not captain Olson

betrodd i den här giftbutiken, va?"
trusted in that here -the- poison shop wha

"Jo, för all del, det är han visst, men inte du. Ställ
Yes for all part that is he surely but not you Put

ner kaggen och gå och skaffa antingen kontanter
down the keg and go and fetch either cash

eller också en rekvisition från kapten Olson, så
or also a (money) order from captain Olson so

lämnar vi ut spriten, men annars inte."
let we out the spirit but otherwise not

Långsamt och med oändlig värdighet ställde Kalle
Slowly and with endless dignity put Kalle

ned kuttingen.
down the barrel

"Och ni tror att det skulle falla mig in att
And you believe that it should fall myself in to
                                                  occur to me

komma med en dylik hälsning till min vän och
come with a such greeting to my friend and

gynnare kapten Olson? Faller mig aldrig in. Tappa
patron captain Olson Falls me never in Drop
                        Would never occur to me (Pour)

ni   ut era tjugu liter svavelsyra, så skall jag gå
yourself out your twenty liters sulphur-acid so shall I go

tillbaka till kapten Olson med kaggen och de tio
back to captain Olson with the keg and the ten

liter han anförtrott mig och meddela honom
liters he trusted me (with) and inform him

hur ni uppfört er. Det skulle förvåna mig om
how you behaved yourself It should surprise me if

han någonsin mer köper en droppe i den här
he anytime more buys a drop in this here

butiken."
-the- shop

Fullkomligt oberörd av Kalles förebråelser lät
Totally unmoved of Kalles reproaches let

biträdet tappa av de tjugu literna, varefter
the assistant drop off the twenty -the- liters where after

Kalle med sin skvalpande börda på axeln
Kalle with his sloshing burden on the shoulder
    (load)

9

stolt   avlägsnade sig.
proudly   removed   himself

"Nu gjorde allt Kalle Skjorta ett bondförsök", sade
Now did   all   Kalle Skjorta a   con-attempt   said

    biträdet   till   lagerkarlen,   "men   det
the assistant   to   the stock-man   but   it
                        (the warehouse porter)

misslyckades. Oss lurar han inte så lätt."
    failed   Us   fools   he   not   so   light
                                          (easy)

Men Kalle Skjorta fortsatte själaglad sin väg ned
But   Kalle Skjorta continued   overjoyed his   way down

till hamnen för att dricka sitt lystmäte av den
to   the harbor for   to   drink   his   lust-measure of   the
                                          (fill)

utmärkta grogg han hade i kaggen. Han hade
excellent   grog   he   had   in   the keg   He   had

nämligen tappat tio liter vatten i den innan han
namely   dropped ten liters water in it   before he
          (poured)

gick till spritaffären.
went   to   the spirit-store

DJURVÄNLIGHET

DJURVÄNLIGHET
Animal-Friendliness

I	Barbackaån	knuffades	isstyckena,	sakta	och
In	the Bareback-river	shoved	the ice pieces	slow	and
	(å: river)				

makligt	så	som	det	passar	i	staden	i	fråga,	men
easy	so	as	it	fits	in	the city	in	question	but

de	knuffades	i	alla	fall.	Så	satte	ett	av	dem	sig
they	shoved	in	all	falls	So	sat	one	of	them	itself
			in any case							

på	spjärn	mellan	ett	par	av	kajens	pålar,	ett
on	brace	between	a	few	of	the dock's	beams	an

annat	stannade	sällskapligt	bredvid	och	ett	tredje
other	stood	sociably	next to (it)	and	a	third

och	fjärde	slöto	sig	snart	till	sällskapet.	Om
and	fourth	closed	themselves	soon	to	the company	In
		(joined)					

12

några minuter låg isen som en bro tvärs över
some minutes lay the ice as a bridge straight over

ån, och i mitten tronade den av hela
the river and in the middle throned the by whole
(stood proudly)

Barbacka kända stora måsen, som bekvämt
Bareback known large -the- gull who comfortably

kommit seglande på ett av flaken.
came sailing on one of the (ice)sheets
(had come)

Järn- och herrekiperingshandlare Göranson,
Iron and gentleman-outfit-dealer Goranson

ordförande i Barbacka djurskyddsförening, kom
president in Bareback's animal-protection-association came

långsamt promenerande utefter kajen och
slowly strolling out after the dock and
(out on)

betraktade med tjusta blickar hur våren sprängde
watched with pleased glances how the spring split

isens bojor, som hans poetiska själ kallade det.
the ice's chains as his poetic soul called it

Han nickade gemytligt åt sin gamle vän måsen,
He nodded good natured at his old friend the gull

som dock inte besvarade artigheten, och fortsatte
who however not answered the courtesy and continued

sedan sin väg nedåt ån.
after his road down at the river
(along)

En timme senare kom han tillbaka. Nu låg ån
An hour later came he back Now lay the river

isbetäckt ovanför isdammen men måsen stod
covered with ice up before the ice dam but the gull stood

fortfarande lugn och majestätisk, fullkomligt
still calm and majestic totally

oberörd av såväl Göranson som de alltmera hopade
unmoved of both Goranson as the all more massed

isstyckena. Göranson stannade.
-the- ice chunks Goranson stood (still)

"Står du där än", var den särdeles överflödiga
Stand you there still was the especially redundant

fråga   han   riktade   till   måsen,   som   heller inte
question   he   directed   to   the gull   who   either   not
                                                    neither

nedlät   sig   att   besvara   den.
deigned   himself   to   answer   it

Göranson   var   inte   djurskyddsordförande   för   ro
Goranson   was   not   animal-protection-president   for   rest's

skull.   En   mörk   tanke   vaknade   i   hans   hjärna   och
sake   A   dark   thought   awoke   in   his   brain   and

han   beslöt   pröva   om   den   var   riktig.   Därför   tog
he   decided   to test   if   it   was   true   Therefore   took

han   upp   en   sten   från   gatan   och   slungade   den,
he   up   a   stone   from   the street   and   cast   it

så   djurvän   han   var,   mot   måsen.
so   animal-friend   (as) he   was   towards   the gull

Naturligtvis   träffade   han   inte,   och   måsen   tog   inte
Of course   hit   he   not   and   the gull   took   not

minsta   notis   om   projektilen.
(the) least   notice   of   the projectile

Pang! Nästa sten slog närmare, men resultatet
Bang Next stone struck closer but the result

blev lika negativt, och under en stund blev
stayed similarly negative and during a while became

måsen utsatt för ett formligt bombardemang.
the gull exposed for a veritable bombardment

Men han uthärdade elden briljant.
But he endured the fire brilliantly

Barbacka poliskonstapel, Jönsson, som en stund
Bareback's police constable Jonsson who a while

från något avstånd iakttagit Göransons underliga
from some distance observed Goranson's strange

beteende, närmade sig nu betänksamt.
behaviour approached himself now thoughtful

"Vad är det han har för sej, Göranson."
What is that he has for himself Goranson
(dialect of sig)

"Gomorron Jönsson!" sade Göranson. "Jo,
Good morning Jonsson said Goranson Yes
(dialect of God morron)

si   jag tror att måsen har frusit fast."
see   I believe that the gull has frozen stuck
(dialect of se)

"Må   dä!"   sade Jönsson.
Do   there said Jonsson
    (dialect for där)

"Jo, han har stått så där en hel timme nu och
Yes he has stood so there a whole hour now and

det är ju klart, att han inte skulle stå så på
it is indeed clear that he not shall stand so on

en isbit och frysa om fötterna om han inte var
an ice chunk and freeze if the feet of him not were

fastfrusen. Och för resten så rör han sig inte
frozen solid And for the rest so moves he himself not

ur fläcken när jag kastar sten på honom."
from the spot when I throw stones at him

"Må   dä?"   sade Jönsson igen.
Do   there said Jonsson again
    (dialect for där)

"Jojo men! Och nu kan en inte göra något
Yes yes but And now can one not do anything

annat än att skjuta den, det är barmhärtigast."
else than to shoot it that is the most merciful

Jönsson såg bekymrad ut.
Jonsson looked worried -ut-

"Dä vet väl Göranson, att han inte får
There knows well Goranson that he not may
(dialect for där)

skjuta skott inom stadens hank och stör!" sade
shoot shots in the city's fences and stakes said
within city limits

han.
he

"Visserligen! Men under sådana här
Surely But under such here

omständigheter."
circumstances

"Dä blir till att tala med kumsarjen då",
Then becomes for to talk with the chief of police then
remains left (archaic for kommissarie)

sade Jönsson.
said Jonsson

"Men han är ju bortrest!"
But he is indeed away traveled
(away on a trip)

"Då får Göranson vänta tills han kommer igen",
Then gets Goranson to wait until he comes again

sade Jönsson orubbligt.
said Jonsson adamant

Göranson funderade. Att låta det stackars djuret
Goranson pondered To let the poor animal

stå där ute och lida gick ju inte för sig.
stand there out and suffer went of course not for itself
was out of the question

Skjuta måste han om han också skulle få böta för
Shoot must he if he also should get (a) fine for

det. För en djurskyddsordförande fick inga dylika
that For an animal-protection-president got no such

småsaker utgöra något hinder.
small things represent any obstacle

"Jönsson", sade han efter en stund beslutsamt. "Hur
Jonsson said he after a while decisively How

19

mycke böter blir det om jag skjuter måsen
much fine becomes it if I shoot the gull
(is)

ändå?"
still

Jönsson lyfte på mössan och rev sig
Jonsson lifted -on- the cap and scratched himself

omsorgsfullt i huvudet.
carefully in the head

"Jae, en tio kronor blir det nog minst."
Yea a ten crowns becomes it still (at) least

Utan ett ord styrde Göranson vägen till sin
Without one word directed Goranson the way to his

järn- och herrekiperingsaffär och kom strax ut
iron- and gentleman's outfit shop and came right out

igen klädd i ett högtidligt ansikte och en
again dressed in a solemn face and a

dubbelbössa av skräckinjagande kaliber.
double-barrel of frightening caliber

"Jönsson, följ med mig i båten här", sade han
Jonsson follow with me in the boat here said he

fast. "Och håll anteckningsboken färdig, för nu
firmly And hold the notebook ready for now

ska här begås ett brott."
shall here be committed a crime

Uppmärksamt iakttagen av en folkmassa på nära
Attentively observed by a mass of people on near (of)

sju personer steg Göranson i båten tätt
seven persons stepped Goranson in the boat closely

följd av Jönsson, vars högtidliga min
followed by Jonsson, whose solemn countenance

stämde åskådarnas själar till andakt.
tuned the observers' souls to attention

När båten kom på fem meters avstånd från
When the boat came on five meters distance from

måsen lade Göranson ned årorna och grep
the gull put Goranson down the oars and grabbed

geväret.
the rifle

"Pass på nu med anteckningsboken, Jönsson", sade
Care on now with   the notebook   Jonsson   said

han, lade geväret till ögat, siktade noggrant mitt
he   put   the rifle   to   the eye   sighted   carefully   middle

i måsens bröst och tryckte av. Pang, pang! Först
in   the gull's   breast   and   pressed   off   Bang   bang   First

den ena pipan och sedan dem andra.
the   one   pipe   and   then   the   other
       (barrel)

Då flög måsen.
Then flew (away) the gull

EN KRIGSLIST

EN KRIGSLIST
A   War-Trick

Malmötåget   var   fullt   redan   när   de   båda
The Malmö-train   was   full   already   when   the   both

kompanjonerna   Esselgren   och   Anderstein   anlände
-the- companions   Esselgren   and   Anderstein   arrived

till   perrongen,   men   eftersom   de   redan   dagen
on   the platform   but   since   they   already   the day

förut   försett   sig   med   platsbiljetter,   så   vilade
before   foresaw   themselves   with   place-tickets   so   rested
         (supplied)

där   inga   ledsamheter,   utan   de   trängde   sig
there   no   sadnesses   but   they   forced   themselves

glatt   in   i   sin   vagn.
happily   inside   in   their   wagon

Men   när   de   kommo   in   i   sin   kupé
But   when   they   came   inside   in   their   compartment

fördystrades   deras   anleten   högst   betydligt,   ty
darkened   their   faces   highest   significantly   since
(most)

fastän   de   beställt   fönsterplatser,   funno   de,   att
althought   they   ordered   window places   found   they   that
(window seats)

de   hade   att   sitta   mitt   i   var   sin   soffa,   rätt   upp
they   had   to   sit   middle   in   each   their   bench   right   up

och   ned,   utan   stöd   på   någon   sida.   Utom
and   down   without   support   on   any   side   Except for

baksidan   förstås.
the backside   of course

Om   inte   Esselgren   och   Anderstein   haft   så   viktiga
If   not   Esselgren   and   Anderstein   had   so   important

affärer   i   Malmö,   så   hade   de   säkert   stigit   av
business   in   Malmö   so   had   they   surely   stepped   off
(then)   (out)

och   rest   med   ett   annat   tåg,   men   nu   var   saken
and   traveled   with   an   other   train   but   now   was   the case

den, att de båda herrarna, som voro rätt
this that the both -the- gentlemen who were right

avsevärda smågulascher, kunde göra upp en
considerable little profiteers could make up a

jobbaraffär och svindla svenska folket på
job affair and swindle Swedish the people on
                        the Swedish people (out of)

25,000 vardera om de lyckades hinna till Malmö
25,000 each if they succeeded to get to Malmö

på kvällen. I annat fall skulle säkert varan
on the evening In another fall should certainly the product
(in) (case)

gå till hederliga affärsmän, och det nedslående
go to honorable businessmen and that disappointing

förhållandet skulle inträffa, att den skulle
-the- condition should occur that it should
(here: event) (the product)

komma bemälda folk tillhanda utan den lilla
come mentioned people to hand without the small
                     (in the hands)

prisförhöjning på ett par hundra procent, som
price increase on a few hundred percent as
              (of)

herrarna   åsyftat.
the gentlemen intended

Nu   var   emellertid   all   fara   för   inträffandet   av
Now was   meanwhile   all   danger   for   the occurrance   of

denna   sorgliga   eventualitet   undanröjd.   De   båda
that   worrisome   eventuality   eliminated   The   both

kompanjonerna hade vaknat i god tid, och sutto
companions had woken up in good time and sat

nu inklämda på sina obekväma platser med
now hemmed on their uncomfortable places with
             (in)   (seats)

utsikt att om en sexton timmar vara i Malmö,
outlook to in a sixteen hours be in Malmö

och på nattkröken göra upp affären.
and on the start of the night make -up- the affair

Det gick något så när bra för de bägge
That went something so near well for the both

affärsmännen att sitta på mittplatserna under de
businessmen to sit on the middle places under the

första två timmarna eller så, men sedan tröttnade
first two -the- hours or so but after tired

de. Det började värka i sidor och rygg, huvudena
they It began to ache in sides and back the heads

blevo tunga och de kände behov av att luta
became heavy and they felt need of to lean

sig. Men de hade intet att luta sig
themselves But they had nothing to lean themselves

mot, utom ett par medpassagerare, som
against apart from a pair (of) fellow passengers who

emellertid energiskt protesterade mot varje
at the same time energetically protested against each

försök till dylikt närmande.
attempt to such approaching

Situationen var kritisk. Men det är vid sådana
The situation was critical But it is with such

tillfällen, som Esselgrens snille gör sig mest
occasions that Esselgren's genius makes itself most

gällande. Det gjorde sig gällande nu.
effective It made itself effective now

"Hör du, Anderstein", sade han högljutt. "Nu
Hear you Anderstein said he ˮ high-loud Now
(with a loud voice)

går vi väl snart in i restaurangvagnen och äter
go we well soon inside in the restaurant wagon and eat

frukost."
breakfast

Och i detsamma blinkade han långsamt och
And in that same winked he slowly and

omsorgsfullt med vänstra ögat, för att Anderstein
carefully with left the eye for that Anderstein
the left eye (so)

skulle förstå att något var i görningen.
should understand that something was in the making

Anderstein förstod, men visste inte vad.
Anderstein understood but knew not what

"Vi gör väl det", svarade han.
We do well that answered he
That's what we will do

"Det   blir   annat det än   i Petrograd!" utropade
That becomes different that than in   Petrograd   called out

Esselgren entusiastiskt och gnuggade händerna.
Esselgren enthusiastically and   rubbed   the hands

"Joo, det vill jag   lova! Här får man   ju   ett mål
Yea   that will   I   promise Here gets one   indeed a   meal

'mat' för några kronor, där en   fläsksvål   och ett
food   for   some   crowns   there a   pork tenderloin and   a

par skedblad stuvade potatisskal för femti rubel."
few   spoons   stewed   potato peelings for fifteen rubles

Medpassagerarna   hade   blivit   intresserade   av
The fellow passengers   had   become   interested   of

konversationen och en av dem vågade en fråga.
the conversation   and one of them   dared   a question

"Är det verkligen så hemskt i Petrograd?"
Is   it   really   so   awful   in Petrograd

"Jo, var lugn för det", sade Esselgren högtidligt.
Yes   be   assured for   that said Esselgren   solemnly
                    (of)

"Ingen mat, inga kläder eller skodon. Gatorna fulla
No food no clothes or footwear The streets full

av rövare och mördare så att ingen går säker, och
of robbers and murderers so that none goes safe and

så rasar sjukdomar där."
so rage diseases there
(then also)

"Hemskt!" instämde Anderstein.
Awful agreed Anderstein

"Ja, koleran går ju så förfärligt där", sade den
Yes the cholera goes indeed so terribly there said the
is rampant

intresserade herrn.
interested -the- gentleman

"Ohyggligt!" sade Esselgren. "Tusentals fall om
Horrible said Esselgren Thousands fall about
(down)

da'n, mycket värre än man tror här hemma.
daily much worse than one believes here (at) home

Dom stupar på gatorna, dom dröser. Rätt som man
They founder on the streets they fall Right as one

går och pratar med en god vän så får han
goes and talks with a good friend so gets he

magplågor och da'n därpå så är han död."
stomach aches and the day there upon so is he dead

"Det är ju förfärligt!" kom det i kör från
That is indeed terrible came it in choir from

passagerarna. "Var det länge sedan herrarna var
the passengers Was it long since the gentlemen were

där?"
there

"Nä då", försäkrade Esselgren fryntligt. "Vi kommer
Now then assured Esselgren jovially We came

direkt."
direct
(just now)

"Det vill säga, herrarna har legat i karantän en
That will say the gentlemen have laid in quarantine a

tid."
while

"Inte!" sade Esselgren. "Man achtet sich! Inte har
Not · said · Esselgren · One · cares for · oneself · Not · have
(German)

vi affärsmän tid med sånt. Vi kilade tvärs
we · business men · time · with · such · We · scampered · straight
(hasted)

över Finland och så smet vi ut på Åland och
over · Finland · and · so · snuck · we · out · on · Åland · and

seglade över till Grisslehamn, tyst och stilla, och
sailed · over · to · Grissleharbour · quiet · and · silent · and

nu är vi här. Fint skött, va?"
now · are · we · here · Fine · managed · (or) what

En halv minut senare voro de båda herrarna
A · half · minute · later · were · the · both · -the- gentlemen

ensamma i kupén, och sträckte ut sig
alone · in · the compartment · and · stretched · out · themselves

på var sin soffa.
on · each · their · bench

"Där ser du, gosse", sade Esselgren stolt, "hur man
There · see · you · fellow · said · Esselgren · proud · how · one

klarar en situation. Du såg vilken fart dom fick.
clears a situation You saw which speed they got
(solves)

Nu sover vi ett slag, och sen äter vi frukost och
Now sleep we a strike and then eat we breakfast and
(bit)

sen åker vi i vår egen abonnerade kupé till
then go we in our own subscribed compartment to
(private)

Malmö."
Malmö

Snarkningstävlingen mellan Esselgren och
The snoring competition between Esselgren and

Anderstein, hade pågått i cirka två timmar och
Anderstein had gone on in about two hours and
(for)

den senare tycktes ligga litet över, när de
the latter thought to lie (a) little over when they
(more)

väcktes av att dörren öppnades.
were wakened of that the door opened

I dörren stodo en man i polismössa och en
In the door stood a man in police cap and a

herre   i   pincenez.   Bakom skyltade
gentleman in   pince-nez   Behind   posted
                    (small glasses held by the nose)

ännu ett par karlar.
yet   a   few   men

"Vad är det?" frågade Esselgren.
What is   it   asked   Esselgren

"Herrarna   ska   följa   med   doktorn   här",   sade
The gentlemen   shall   follow   with   the doctor   here   said

polismannen. "Herrarna   ska interneras."
the police man   The gentlemen   shall   be interned

"Va   katten--"
What   the cat...

"Herrarna   har bekänt   för sina   medpassagerare
The gentlemen   have   admitted   for   their   fellow passengers

att   ni   kommer från Petrograd och   undvikit
that   you   come   from   Petrograd   and   avoided

karantän. Opp nu och följ med."
quarantine Up   now   and   follow   along

"Stopp", började Anderstein. "Det där var bara
Stop   began   Anderstein   That there was just

skoj..."
(a) jest

"Försök inte", sade polismannen. "Kom med bara."
Try   not   said the policeman Come along only
Don't try

Så fördes de båda smågulascherna ut till en
So were led the both -the- small profiteers out to a
(conmen)

väntande ambulansvagn. Och så gick Malmötåget.
waiting ambulance car And so went the Malmö-train

Och med det drömmen om 25,000 gulaschkronor
And with it the dream about 25,000 profiteer crowns
(of)   (con-money)

per man.
per man

WATERMANS IDEAL

WATERMANS IDEAL
Waterman's   Ideal
(brand of fountain pen)

Utrikesdepartementets mest obemärkte person gick
The foreign ministry's   most   unnoticed   person   went

in genom garaget, genom en liten dörr, dold
in through the garage through a little door hidden

bakom en hög skräp, uppför en smal baktrappa,
behind a heap   scrap   up before a small back stairs
                   (of garbage)

letade   sig   igenom   diverse   krångliga
led   himself   in through   various   tortuous

korridorförhållanden, och stod till sist framför en
interconnected hallways   and stood at last before a

tapetdörr.   Han   lyssnade   ett
wallpaper door   He   listened   a
(sidedoor camouflaged with wallpaper)

ögonblick, och då intet ljud hördes tryckte han
moment and then no sound was heard pressed he
(when)

ljudlöst upp dörren och kikade in. I nästa
soundless open the door and looked inside In (the) next
(without sound)

ögonblick slank han hel och hållen genom
moment slipped he whole and beholden through
all the way

dörrspringan och stod inför departementets mest
the door gap and stood before the department's most

bemärkte man.
prominent man

"Ers excellens har kallat mig!"
Your excellence has called me

"Ja, ritningarna äro färdiga, utförda på silkespapper
Yes the designs are ready executed on silk paper

såsom ni önskade det."
as you wished it

"Utmärkt!"
Excellent

"Och det är ju onödigt att hos en så
And it is indeed unnecessary to with a so

beprövad man som er inskärpa den oerhörda
proven man like you inculcate the incredible

vikten av att de komma fram till sin
the weight of that they come forth to their
(importance)

bestämmelseort?"
destination-place
(destination)

"Jag förstår fullkomligt den saken, ers
I understand totally that -the- thing your

excellens."
excellence

"Dessa ritningar vore ovärderliga för den andra
These designs were invaluable for the other
(would be)

sidan."
-the- side

"Och de andra komma säkert att göra allt för att
And the others come surely to do all for to

sätta   sig   i besittning av dem."
set   themselves in possession of   them

"Tror ni?"
Believe   you

"Men de skola misslyckas, ers excellens."
But   they   shall   fail   your   excellence

Departementets   mest   obemärkte   man   tog
The department's   most   unnoticed   man   took

ritningarna, som hans chef   räckte   honom, och
the designs   which   his   chef   handed over   to him   and

rullade omsorgsfullt   ihop   dem till en liten hård
rolled   carefully   together them   t   a   little   hard

rulle,   därpå   tog han en reservoarpenna   ur
roll   there upon   took   he   a   spare pen   from

fickan,   skruvade av locket till bläckbehållaren,
the pocket   screwed   off   the cap   to   the ink container

stoppade   dit pappersrullen, skruvade till locket
put   there   the paper roll   screwed   to   the cap
                                                                      (on)

och stoppade pennan i fickan.
and   put   the pen   in the pocket

Departementets mest bemärkte man betraktade
The department's   most   prominent   man   watched

hans förehavande med gillande.
his   behavior   with   pleasure

"En god idé", sade han. "En utmärkt god idé. En
A   good   idea   said   he   An   excellent   good   idea   A

reservoarpenna, vårdslöst buren i fickan skola
spare pen   carelessly   carried   in   the pocket   shall

de aldrig misstänka!"
they   never   suspect

"Jag hoppas det, ers excellens. Det är vanligen de
I   hope   that   your   excellence   It   is   usually   the

närmast till hands liggande ställena, som aldrig
closest   to   hand   lying   -the- places   which   never

bli undersökta, och min Watermans Ideal är
become   examined   and   my   Watermans   Ideal   is
                              (brand of fountain pen)

utan — tvivel — ett — säkert — gömställe. — Om — fem — dagar
without — doubt — a — sure — hiding place — In — five — days

skall — jag — enligt — order — lämna — papperen — på — vår
shall — I — according to — (the) order — leave — the paper — on — our

legation — i — Kristiania."
delegation — in — Kristiania
(mission)

Och — departementets — mest — obemärkte — man
And — the department's — most — unnoticed — man

avlägsnade — sig — på — samma — diskreta — sätt — som
removed — himself — on — (the) same — discrete — manner — as

han — kommit.
he — came

Bergenståget — hade — redan — dundrat — mer — än
The Bergen train — had — already — thundered — more — than
(The train from Bergen)

halva — vägen — till — Kristiania, — och — de — resande — hade
half — the way — to — Kristiania — and — the — traveling — had
(passengers)

redan hunnit tröttna på fjällscenerierna och
already been able to tire on the (water)fall sceneries and
(of)

ännu mera på de evinnerliga snötunnlarna, som
even more on the everlasting -the- snow tunnels which
(of)

alltid kommo, när utsikten var som mest
always came when the view was as most
(the)

intressant. Man dåsade över en bok eller en
interesting One dozed over a book or a

tidning, och en och annan lade reskudden till
newspaper and one or (the) other put the travel pad -to-
(the travel pillow)

rätta och försvann i drömmarnas rike.
right and disappeared in the dreams kingdom

Den medelålders herrn, som läst ett gammalt
The middleaged -the- gentleman who read an old

nummer av New York Heralds kontinentalupplaga
number of (the) New York Herald's continental edition

i sex timmar, tappade tidningen och började
in six hours closed the newspaper and began
(since)

42

stillsamt småsnarka i sitt hörn. Detta tycktes
quietly snore a bit in his corner That seemed

verka irriterande på den unga dam, som var
to work irritating on the young lady who was
(to have an effect)

hans enda medresande i kupén sedan
his only traveling companion in the compartment after

ett stojande sällskap ungdomar av Bergens
a romping company of youths of Bergen's

färskaste köpmanstyp avlastats i Finse. Elinor
freshest merchant type was unloaded in Finse Elinor

Glyns senaste missroman tycktes inte längre
Glyns latest young ladies' novel seemed not longer

ha samma grepp över hennes sinne som förut,
to have (the) same grip over her mind as before

och allt som oftast smög hon en blick över
and all as often sneaked she a glance over

bokens kant på herrn mitt emot.
the book's side on the gentleman middle opposite
sitting opposite her

Han fortsatte fridfullt att dra sina timmerstockar.
He continued peacefully to drag his timber-logs
(saw)

Till slut lade den unga damen ned boken.
At last put the young -the- lady down the book

"Min herre...", sade hon.
-My- sir said she

Min herre svarade med en timmerstock.
My sir answered with a timber-log
(snore)

"Förlåt, min herre...", sade hon igen.
Excuse (me) -my- sir said she again

Samma svar.
Same answer

Då böjde hon sig fram. Hennes lilla vita hand
Then bent she herself forward Her little white hand

vek snabbt och mjukt hans rock åt sidan och
moved fast and soft his coat to the side and

tog en reservoarpenna, som stack upp ur västens
took a spare pen which stuck up from the vests

bröstficka, och ersatte den med en likadan,
breast pocket — and — replaced — it — with — a — similar (one)

Watermans Ideal, senaste konstruktion. Sedan
Waterman's — Ideal — latest — construction (edition) — After

försjönk hon åter i njutandet av Elinor Glyn.
sank — she — again — in — the pleasures — of — Elinor — Glyn

Mannen fortsatte att snarka. Efter en stund reste
The man — continued — to — snore — After — a — while — rose

damen sig tyst, tog sitt pick och pack och
the lady — herself — quietly — took — her — picks — and — packs and stuff — and

bytte kupé.
changed — compartment

Men hennes plats förblev inte länge tom. En
But — her — place — remained — not — long — empty — A

herre med utländsk utseende hade då och då
gentleman — with — foreign — look — had — then (now) — and — then

under resan haft ärende fram och tillbaka i
during — the trip — had — business — forth — and — back — in

korridoren, och när han nu fann denna
the hallway / and / when / he / now / found / this

kupé tom med undantag av den sovande
compartment / empty / with / exception / of / the / sleeping

herrn, gick han in och satte sig.
-the- gentleman / went / he / in / and / sat / himself
sat down

En kort stund lyssnade han till den andres
A / short / while / listened / he / to / the / other's

snarkningar, så tog han upp en reservoarpenna,
snores / so / took / he / up / a / spare pen

Watermans Ideal, ur fickan. Hans svartkantade
Waterman's / Ideal / from / the pocket / His / black-lined

hand dök snabbt in under den sovandes rock, och
hand / duck / fast / in / under / the / sleeper's / coat / and

när den drogs tillbaka fanns det fortfarande
when / it / was pulled / back / was found / it / still
(again)

en penna i den. Med ett litet leende stoppade
a / pen / in / it / With / a / little / smile / put

den utländsk herrn pennan i fickan och
the foreign -the- gentleman the pen in the pocket and

lämnade kupén.
left the compartment

En liten stund senare vaknade den sovande
A little while later awoke the sleeping

herrn. När han fann sig ensam i
-the- gentleman When he found himself alone in

kupén stack han oroligt handen innanför
the compartment put he nervous the hand in before

rocken och kände på reservoarpennan. Sedan tog
the coat and felt on the spare pen After took

han lugnad upp New York Heralds
he reassured up (the) New York Herald's

kontinentalupplaga och fortsatte att studera den
continental edition and continued to study it

tills tåget närmade sig Kristiania.
until the train approached itself Kristiania

47

Då steg han upp, ordnade sitt bagage och gick
Then rose he -up- ordered his luggage and went

ut i korridoren för att ta på sig överrocken.
out into the corridor for to take on himself the over-coat

Utanför kupén stod en herre, som artigt
Out before the compartment stood a gentleman who artfully

steg åt sidan för att låta den andre passera, men
moved to the side for to let the other pass but

tågets skakningar kastade dem för ett ögonblick
the train's shakings cast them for a moment

i famnen på varandra. De skildes om en sekund,
in the arms of eachother They separated in a second

med ömsesidiga ursäkter, och medan den ene
with mutual excuses and while the one

oförmärkt kontrollerade att det fanns en
stealthily checked that it was found a

reservoarpenna kvar i hans västficka, smög den
spare pen left in his vest pocket snuck the

andre med ett belåtet litet leende en Watermans
other with a pleased little smile a Waterman's

Ideal i sin ficka.
Ideal in his pocket

Utanför stationen tog den medelålders
Out before the station took the middle aged

herrn med New York Herald en droska
-the- gentleman with (the) New York Herald a cab

och åkte direkt till sitt lands legation. Han gick
and went directly to his country's delegation He went
(mission)

rakt uppför stora trappan och stod snart inför
straight up on large the stairs and stood soon before
the grand staircase

ministern.
the minister

"Nå, hur gick resan?"
Now how went the trip

"Utmärkt", svarade den resande och tog fram sin
Excellent answered the traveller and took forth his

49

reservoarpenna. "Jag bar hela tiden papperen
spare pen / I / carried / whole / the time / the paper

på mig lätt åtkomliga för vem som helst med
on / me / easily / accessible / for / whom / at / all / with

lite företagsamhet, men fastän tre stycken
little / entrepreneurship / but / although / three / pieces

konkurrerande agenter från andra sidan voro i
(of) competing / agents / from / other / the side / were / in

verksamhet för att få tag i dem, och fastän de
activity / for / to / get / hold / in / them / and / although / they

ha en nästan onaturlig förmåga att skaffa
have / an / almost / unnatural / capacity / to / acquire

sig underrättelser om var man gömmer
themselves / intelligence / about / where / one / hides

papper, som de vilja åt, så anade de den här
paper / which / they / desired / at / so / guessed / they / this / here
(for)

gången ingenting."
-the- time / nothing

"Var har ni papperen?" frågade ministern. "Här,
Where have you the paper asked the minister Here

innanför svettremmen", svarade den andre och
in before the sweatband answered the other and

räckte fram sin hatt.
handed over his hat

VÄGEN TILL ENA PIGO

VÄGEN TILL ENA PIGO
The Way — To — A — Girl
(archaic biblical proverb)

Kyparen på stadshotellet P.A. Kvist älskade Ottilia
The waiter — on (in) — the city hotel — P.A. — Kvist — loved — Ottilia

Johansson, och kyparen på Stora Hotellet J.A.
Johansson — and — the waiter — on (in) — Large The Hotel / The Grand Hotel — J.A.

Blomgren älskade också Ottilia Johansson. Härmed
Blomgren — loved — also — Ottilia — Johansson — Here-with

är klaven given till ett av de dramer, som
is — the clef (the clou) — given — to — one — of — the — dramas — which

dagligen utspelas runt omkring oss; om man
daily — are played out — round — around — us — if — one

sedan vill betrakta det som en fars eller en
after — wants — to regard — it — as — a — farce — or — a

tragedi, må vara vars och ens ensak.
tragedy   may   be   each   and   one   thing
it may be the same thing

Ottilia Johansson älskade både Kvist och Blomgren,
Ottilia   Johansson   loved   both   Kvist   and   Blomgren

den förre om måndagarna, när han var ledig, den
the   former   on   the Mondays   when   he   was   free   the

senare om torsdagarna som var hans ledighetsdag.
latter   on   the Thursdays   which   was   his   free day

Dessemellan ägnade hon sig åt sina övriga
In between   owned   she   herself   at   her   other

beundrare, vilka icke voro fåtaliga, vilket man
admirers   which   not   were   few in number   which   one

kan förstå när man vet att Ottilia var en
can   understand   when   one   knows   that   Ottilia   was   a

söt flicka och arvinge till minst 20,000 kalla
sweet   girl   and   heir   to   at least   20,000   cold

sekiner.
sequins
(crowns)

53

Bland dessa beundrare fanns det dock ingen,
Between these admirers was found it however none

som gick upp emot Kvist och Blomgren. Deras
who went up against Kvist and Blomgren Their
who was as good as

elegans, deras världsmannavana och trevliga sätt
elegance their man of the world way and friendly side

ställde dem i en klass för sig själva, och om
set them in a class for themselves -self- and if

endast en av dem varit med i tävlingen,
only one of them were along in the competition

fanns det intet tvivel om att han blivit
was found it no doubt about that he became
(there)

segrare på valplatsen. Men nu var det omöjligt för
winner on the battlefield But now was it impossible for

Ottilia att bestämma sig. Hon fick, som sagt,
Ottilia to decide herself She got as (can be) said
(had to)

nöja sig med att älska dem växelvis.
please herself with to love them change-wise
(alternately)

Kvist och Blomgren hade situationen fullkomligt
Kvist and Blomgren had the situation totally

klar för sig, och älskade alltså inte varandra
clear for themselves and loved also not each other

inbördes. För den övriga kåren av beundrare
mutually For the other -the- corps of admirers
(crowd)

hyste de, som sig borde, ett suveränt förakt.
entertained they as itself should a sovereign disdain

Men välvde mörka planer mot varandra, och en
But crooked dark plans against eachother and one
(hatched)

vacker dag fick Kvist en idé, som gick ut på att
beautiful day got Kvist an idea which went out on to
intended

djupt förödmjuka rivalen. Nästa måndag steg
deeply humiliate the rival (The) Next monday stepped

därför han och Ottilia in i Stadshotellets
therefore he and Ottilia inside in the City Hotel

matsal och slogo sig ned vid ett av
food hall and struck themselves down at one of
(restaurant) (set)

55

Blomgrens bord.
Blomgrens tables

"Kypare!" ropade Kvist myndigt och knackade i
Waiter called Kvist authoritatively and knocked in
(on)

bordet. "Förbaskat söl! Hör hit för katten,
the table Cursed tardiness Hear here for the cat
darned

vaktmästare!"
guard-master
(waiter)

Blomgren kom blek men behärskad fram till bordet
Blomgren came pale but controlled forth to the table

och bugade så litet han vågade. Hans blick sökte
and bowed so little he dared His glance searched

Ottilias, men fann där ingen sympati, ty det var
Ottilia's but found there no sympathy since it was

måndag, och hon älskade Kvist.
Monday and she loved Kvist

"Dålig servering på den här krogen, skall jag säga
Bad service on this here -the- pub shall I say

vaktmästarn", sade Kvist. "Men nu skall ni låta bli
guard-master said Kvist But now shall you let be
(janitor) stop

att dra benen efter er, annars skall ni få se
to pull the legs after you otherwise shall you get to see
to go slow

på annat."
on else

"Jag--", sade Blomgren.
I said Blomgren

"Tyst! Svara inte, drummel!" sade Kvist strängt.
Silence Answer not lout said Kvist severe

"Har ni något ätbart på den här syltan? Ta
Have you something edible on this here -the- jelly Take
(in) (mess)

hit några ostron och en hela gula änkan och
here some oysters and a whole yellow -the- widow and

låt det gå undan."
let it go away

Blomgren försvann genom kyparnas dörr och
Blomgren disappeared through the waiters' doors and

lättade sitt sinne genom att ge smörgåsnissen
eased his mind through to give the sandwich brownies

ett par orrar. Men knappast hade han lämnat sin
a few slaps But hardly had he left his

beställning vid kassan förrän en kamrat anlände
order at the checkout as a mate arrived

med bud till honom:
with (a) message for him

"Dom knackar på fyran. Det är Kvist på Stora,
They knock on the four It is Kvist on Large
(table four) (from)(The Grand)

och han lever som om han ägde stan."
and he lives as if he owned the city
(acts)

Blomgren sväljde de vältalighetsblomster, som
Blomgren swallowed the eloquence-flowers which
(the nasty words)

pockade på att få slippa över hans läppar, och
insisted on to get to escape over his lips and

gick in.
(he) went in

"Hörnu   vaktmästarn",   sade Kvist och pekade på en
Hear now   guard-master   said Kvist and looked at an
           (janitor)

nästan   osynlig   fläck   på   bordduken: "Vad   är
almost   invisible   spot   on   the table cloth   What   is

meningen   med   att   lägga   en   sån   här   lortig   gammal
the opinion   with   to   lay   a   such   here   filthy   old

disktrasa   på   bordet   där   en   'dam'   skall   äta.   Tag
dishcloth   on   the table   there   a   lady   shall   eat   Take
                            (where)

bort   den   genast,   'genast'   säger   jag."
away   it   immediately   immediately   say   I

Det   blev   en   förödmjukelsens   eftermiddag   för
It   became   a   humiliating   afternoon   for
(was)

Blomgren.   Så   hundsvotterad   hade   han   aldrig   blivit
Blomgren   So   dog's-ragged   had   he   never   been
               (treated like a dog)

förr,   inte   ens   av   den   enklaste   nybakade   gulasch,
before   not   even   of   the   simplest   new-baked   gulash
                                             (freshly made)

och   när   hans   känslor   tvingade   honom   att   slå   ut
and   when   his   feelings   forced   him   to   strike   out

59

en halv såsskål över Kvists smoking, tillkallades
a half sauce-pan over Kvist's smoking was called

hovmästaren och han fick ovett från två håll.
the court-master and he got from two sides
(the Maître d')

Men nästa torsdag stelnade Kvist av fasa, när
But (the) next Thursday stiffened Kvist of horror when

Blomgren och Ottilia stego in i Stora Hotellets
Blomgren and Ottilia stepped inside in Large The Hotel's
The Grand Hotel

matsal och slogo sig ned vid hans bord.
food-hall and struck themselves down at his table
(restaurant) (set)

Han visste vad som komma skulle, och det kom.
He knew what that come should and it came

Den hundsvottering han på måndagen utsatt
The dog-ragging he on the Monday exposed
(treating like a dog)

Blomgren för var ett intet mot vad han nu
Blomgren for was a nothingness to what he now

själv fick genomgå. Och Ottilia tyckte tydligen att
self got to go through And Ottilia thought clearly that

det hela var roligt, ty ju djupare Kvists
the whole (thing) was funny since the deeper Kvist's

förnedring blev, desto gladare skrattade hon. Det
humiliation was the happier laughed she That

var ju torsdag, Blomgrens dag.
was indeed Thursday Blomgren's day

Men när Blomgren utfört denna sin
But when Blomgren (had) executed that -his-

hämndeakt, gick han i bävan tills måndagen,
revenge act went he in trepidation to the Monday

och hans dystra aningar gingo särdeles fullkomligt
and his dark suspicions went especially fully

i fullbordan. Kvist skändade honom ohyggligt,
in -the- completion Kvist defiled him awfully

och blev så upplivad därav att han kallade till
and became so revived there-of that he called to

sig hovmästaren och skändade även honom,
himself the court-master and defiled even him
        (the Maître d')

samt uttryckte sina tankar om hotellet i sin
and expressed his thoughts about the hotel in it's

helhet på ett sätt, som i tydlighet icke lämnade
entirety on a side which in clearness not left
(way)

något övrigt att önska.
anything other to wish

Blomgren rasade. Han kände sin vanmakt och
Blomgren raged He felt his impotence and

måste då och då ute i kassan stärka sig
must then and then out in the checkout strengthen himself
(now)

med en konjak, och detta gjorde han så grundligt,
with a cognac and that did he so thoroughly

att han fumlade när han skulle servera desserten.
that he fumbled when he should serve the dessert

Kvist upptäckte genast orsaken och kallade
Kvist discovered immediately the cause and called

ögonblickligen Blomgren "fyllsvin", ett skällsord,
immediately Blomgren drunken swine an abuse-word

som han genom ett beklagligt förbiseende icke
which he through a regrettable oversight not

förut kommit att använda.
before came to use

Då kokade Blomgrens blod över.
Then boiled Blomgren's blood over

"Sa du fyllsvin, din lille uppnosige bondfångare",
Said you drunken swine you little up-nosy conman
(impertinent)

röt han och grep Kvist i kragen. "Var det
roared he and gripped Kvist in the collar Was that

fyllsvin du sa? Tag då den här, och den
drunken swine you said Take then this here and this

här--" Och med kraftiga nävar gav han sin ärade
here And with powerful fists gave he his honored

gäst den ena sittopp'en efter den andra, som
guest the one the sit-up after the other which
(blow)

ögonblickligen besvarades med ränta.
immediately were answered with interest

Matsalen kom genast i uppror. Hovmästare
The food-hall came immediately in uproar The court-master
(The restaurant) (The Maître d')

och kypare skyndade till och skilde de kämpande
and waiters hurried to and separated the combatants

åt. Kvist greps av starka händer, tvingades att
-out- Kvist was grabbed by strong hands forced to

betala sin förtäring och slungades sedan ut på
pay his consumption and was thrown then out on

gatan, och Blomgren följde strax efter.
the street and Blomgren followed directly after

Men hovmästaren tog chevalereskt hand om
But the court-master took chivalrous hand about
(The Maître d') care of

Ottilia, hjälpte henne på med ytterkläderna och
Ottilia helped her -on- with the outer-clothes and
(her jacket)

ringde efter hennes bror, som kunde följa henne
rang -after- her brother who could follow her

hem.
home

På aftonen ringde källarmästaren på Stadt
On the evening rang the cellar-master on City
(In) (from) (The City Hotel)

till kollegan på Stora hotellet och relaterade vad
to the colleague on Grand the hotel and told what

som förefallit.
that happened

"Jag sparkade naturligtvis genast min drummel",
I fired of course immediately my lout

sade han. "Vad tänker du göra?"
said he What think you do

"Precis detsamma, när fähunden kommer hit i
Exactly the same when the cattle-dog comes here in

morgon", svarade kollegan lugnande.
the morning answered the colleague soothing

Men tre veckor senare eklaterades Ottilias
But three weeks later was announced Ottilias

förlovning med hovmästaren på Stadt.
engagement with the court-master on City
(the Maître d') (The City Hotel)

ETT SJUKDOMSFALL

ETT SJUKDOMSFALL
A Sickness-Fall
(Case of Sickness)

"Du ska ta en sjukförsäkring, Isidor", sade
You shall take a sick-insurance Isidor said
(health insurance)

Östkvist, och lade sin arm på sin kollegas arm.
Ostkvist and put his arm on his colleague's arm

Det var för tillfället inga kunder i butiken, så
It was for the occasion no customers in the shop so
There were at that moment

att de båda biträdena hade tid att prata.
that -the- both assistants had time to talk

"Jag har aldrig varit sjuk", svarade Perander.
I have never been sick answered Perander

"Alltid en ny anledning att försäkra dig, Isidor",
Always a new reason to insure yourself Isidor

67

fortsatte Östkvist. Varje människa blir sjuk en
continued Ostkvist Each person becomes sick on

eller annan gång i sitt liv, och om du aldrig
or (an) other time in his (or her) life and if you never

varit det, kan du
were that can you

ge dig så många som flyger och far på, att
give yourself so many as fly and get on that
be assured

din tur snart står för dörren."
your turn soon stands before the door

"Tja, om en nu blir lite krasslig några dar,
Well if one now becomes (a) little poorly some day

så står en väl rycken", anmärkte Perander, som
so stands one well the bout remarked Perander who
then you're prepared

hade sparbanksbok.
had savings-bank-books
(savings accounts)

"Du gör det, ja", svarade Östkvist med ett s. k.
You do that yes answered Ostkvist with a s. k.

sardoniskt leende. "Om du till exempel får
sardonic smile If you for example get

ledgångsreumatism och måste ligga till sängs i
member rheumatism and must lie to (the) bed in
(on) (for)

fyra, fem månader, eller någon annan sjukdom
four five months or some other sickness

som räcker länge. Nej du, sjukdom och nöd hör
which reaches long No you sickness and need hear
(takes) (belong)

ihop. Det vill säga om du inte är försäkrad!
together That wants to say if you not are insured
means

Se på Bruno, han låg i sex månader och fick tio
Look at Bruno he lay in six months and got ten
(for)

kronor om dagen, hur skulle det ha gått för
crowns for the day how should it have gone for

honom, om han inte varit sjukförsäkrad?"
him if he not was sick-insured
(health insured)

Perander blev betänksam. Det var nog något
Perander became thoughtful That was yet something
(There)

i vad Östkvist sade i alla fall.
in what Ostkvist said in all falls
(cases)

"Är du försäkrad?" frågade han.
Are you insured asked he

"Ja, naturligtvis! Du tror väl inte, att jag är
Yes of course You believe well not that I am

lättsinnig nog att gå oförsäkrad genom livet?"
frivolous enough to go uninsured through life

"Hm. Men var kan man få tag i en agent, om
Hm But where can one get hold in an agent, if
(of)

man nu skulle fundera på saken?"
one now should contemplate on the thing

Östkvist log.
Ostkvist smiled

"Jag är agent, Isidor", sade han stilla.
I am agent Isidor said he calm

Tio minuter senare var Perander försäkrad.
Ten minutes later was Perander insured

När Isidor Perander skrivit under ansökning till
When Isidor Perander wrote under application to

bolaget "Liv och lycka", var han ganska belåten
the company Life and happiness was he quite pleased

med sig själv, men redan när ett ombud
with himself -self- but already when a representative

från bolaget åtta dagar senare hämtade första
from the company eight days later took away (the) first

halvårsavgiften började han ångra sig, och
-the- half year's charge began he regret -himself- and

denna känsla stegrades oerhört när han fann, att
that feeling rose extremely when he found that

han skrivit under en laglig förbindelse att göra en
he wrote under a legal condition to make a

lika stor betalning varje halvår under de
similar big payment each half year under the

närmaste tio åren.
next ten -the- years

Han var nämligen särdeles fäst vid sitt lilla
He was namely especially tight with his little

mammon, och satte tusen gånger hällre in sitt
mammon and put thousand times rather in his
(god of money)

överskott på sparbanken än han stoppade
surplus on the savings bank than (that) he put
(the savings account)

det i ett rikt försäkringsbolags ficka. Och ju mera
it in a rich insurance company's pocket And the more

han ångrade desto fastare formade sig en plan
he regretted the more fixed formed itself a plan

i hans hjärna: bolaget skulle få betala tillbaka
in his brain the company should get to pay back

hans pengar, och det med ränta, han skulle bli
his money and that with interest he should become

sjuk, och fortsätta att vara det så länge som
sick and continue to be that so long as

möjligt. Om han också förlorade sin lön i butiken
possible If he also lost his pay in the shop

under   tiden   så   var   det   bara   175   kr.   i
during   the time so   was   that   only   175   cr.   in
                                                       (crowns) (per)

månaden,   mot   de   300   han   skulle   inkassera.
the month   against the   300   he   should   collect
(month)

Men   hur   skulle   det   ske?   Erfarenheten   från
But   how   should   that   happen The experience from

beväringstiden   hade   lärt   honom,   att   läkare   inte
the conscript time had   taught him   that   doctors   not
(the military service)

äro   så   lätta   att   lura,   och   efter   moget   övervägande
are   so   easy   to   fool   and   after   mature   consideration
                                                                (enough)

bestämde   han   sig   för   förlamning   i   ben   och
decided   he   himself for   paralysis   in   legs   and

underkropp,   vilket   han   ansåg   vara   mycket   lätt   att
underbody   which   he   felt   to be   quite   easy   to

simulera.
simulate

Dagen   därpå   uppskrämdes   kunderna   i
The day there-on were frightened the customers in
         The next day

Johansson och Johanssons bod av att det omtyckta
Johansson and Johansson's shop of that the beloved

biträdet Perander under det han höll på att
-the- assistant Perander while that he held on to

väga upp en kvarts kilo vetemjöl till fru Pilmans
way up a quarter kilo wheat-flour for mrs Pilman's

husassistent, plötsligt segnade till golvet med
house-assistant suddenly sank to the ground with
(servant)

mjölskopan i hand.
the flour scoop in (the) hand

"Vad är det med Perander", röt patron Johansson.
What is it with Perander roared boss Johansson

"Är han onykter?"
Is he unsober
(drunk)

Men Isidor kved matt till svar:
But Isidor whimpered weak to answer
(as)

"Jag vet inte vad det är med mig, patron, men
I know not what it is with me boss but

bena vek sig under mig, och nu käns
(the) legs gave way themselves under me and now are felt

dom inte."
they not

När man fått klart för sig vad som verkligen
When one got clear for himself what that really
(people)

inträffat, buro patron Johansson och Östkvist med
occurred carried boss Johansson and Ostkvist with

förenade krafter in Perander på kontoret och lade
united strengths in Perander on the office and laid
(to)

honom på tagelsoffan. Perander var fullkomligt
him on the horsehair couch Perander was fully

lugn och behärskad. Han hade tydligen inga
calm and controlled He had clearly no

smärtor.
pains

"Skicka inte efter läkare än", sade han. "För hem
Send not after (a) doctor yet said he Carry home
(for)

mig först och lägg mig. Jag känner ett behov att
me first and lay me I feel a need to

komma i säng."
come into bed
(go)

Och som patron Johansson var en human principal
And as boss Johansson was a human chef

lät han Östkvist och gårdskarlen köra hem
let he Ostkvist and the yard man drive home
(the janitor)

Perander på en handkärra fast det var i
Perander on a hand cart although it was in

brådaste affärstiden.
(the) busiest -the- business time
(time of day)

Dessa två omhuldade Perander som ett barn,
These two cherished Perander like a child

klädde av honom, lade honom och gåvo honom
dressed off him laid him and gave him

konjak att dricka. De gingo till och med så långt,
cognac to drink They went to and with so far
even

att de inte läto honom dricka ensam.
that they not let him drink alone

"Östkvist", sade Perander när han komfortabelt låg
Ostkvist said Perander when he comforably lay

i sin säng. "Titta efter i skrivbordslådan, där
in his bed Look after in the write-table-drawer there
Check (the desk drawer)

ligger försäkringsbolagets papper."
lie the insurace company's papers

"Det är ingen brådska med det", sade Östkvist. "Du
That is no hurry with that said Ostkvist You
(There)

får ändå inget, om du inte är sjuk minst en
get still nothing if you not are sick at least a

vecka, Isidor."
weak Isidor

"Jag känner att jag kommer att ligga här i
I feel that I come to lay here in

månader", svarade Isidor. "Tag fram papperen och
months answered Isidor Take forth the papers and

fyll   i   anmälningsblanketten."
fill   in   the registration form

"Hur känner du   dig   nu?" frågade Östkvist.
How   feel   you yourself now   asked   Ostkvist

"Hela underkroppen   käns   fullkomligt   kall
Whole   the underbody   feels   totally   cold
My whole bottom half of my body

och känslolös."
and   feeling-less
and I can't feel anything

Östkvist stack sin hand under täcket och kände
Ostkvist   stuck   his   hand   under the cover and   felt

på sin kamrats ben.
on   his   comrades   leg

"Jag tycker det käns varmt, jag", sade han.
I   think   that feels   warm   I   said   he

"Utanpå,   ja", svarade Isidor. "Men det käns en
On the outside yes answered   Isidor   But   it   feels   a

köldkänsla inifrån."
coldness   from within

"Hur sjutton kan du känna det, när benen är
How seventeen can you feel that when the legs are
(the hell)

känslolösa?" frågade han, och Isidor såg irriterad
without feeling asked he and Isidor looked annoyed

ut.
-out-

"Du vet inte hur det är att vara sjuk", sade han.
You know not how it is to be sick said he

"Fyll nu i anmälningsblanketten."
Fill now in the registration form

Muttrande för sig själv fyllde Östkvist i.
Muttering for himself -self- filled Ostkvist in

"Här skall stå läkarens namn med", sade han
Here shall stand the doctor's name -with- said he
(be written)

efter en stund.
after a while

"Skriv doktor Andersson", sade Isidor. "Det är en
Write doctor Andersson said Isidor That is an

79

gammal hygglig prick."
old   decent   fellow

"Bolaget   brukar   använda   doktor   Holst",   svarade
The company   uses   to use   doctor   Holst   answered
            (is used)

Östkvist   torrt. "Så   vi   tar   väl   honom,   jag   ska   be
Ostkvist   dry   So   we   take well   him   I   shall ask

honom   komma   hit   när   jag   går   tillbaka   till
him   to come here when   I   go   back   to

butiken."
the shop

En   timme   senare   steg   doktor   Holst   in   i
An   hour   later   stepped doctor Holst inside in

Peranders   enkla   kammare   och   började   undersöka
Perander's simple   room   and   began   to investigate

patienten. Doktorn   var   en   ung   man   med   skarpa,
the patient The doctor was   a   young man   with   sharp

klara   ögon,   och   Perander   började   bli   rädd   att
bright   eyes   and   Perander   began to become afraid that

han skulle visa sig svår att lura. Men
he should show himself heavy to fool But
(difficult)

farhågorna besannades inte, ty det gick utmärkt.
the fears came true not since it went excellent

Alla symptom som Perander beskrev tycktes vara
All symptoms which Perander described seemed to be

precis som doktorn väntat sig, och hans
exactly which the doctor expected himself and his

ansikte blev alltmera bekymrat.
face became all more worried
(more and more)

"Ett svårt fall av partiell paralysi", sade han. "Ett
A difficult case of partial paralysis said he A

mycket svårt fall. Frågan är om ni någonsin
very difficult case The question is if you anytime

skall kunna återställas. Är ni fullkomligt
shall be able to get better Are you totally

känslolös i underkroppen?"
without feeling in the under body

81

"Absolut!" svarade Perander.
Absolutely answered Perander

"Fullkomligt?" frågade doktorn igen, och gav
Totally   asked   the doctor again and gave

Perander ett kraftigt nyp i vaden.
Perander a strong nip in the calf

"Ä--hm--ab-absolut!" svarade Isidor, som endast
A-hm-ab-absolutely   answered Isidor   who only

med svårighet lyckats behärska sig.
with difficulty succeeded to control himself

"Ja, det tycks verkligen vara fallet", sade läkaren.
Yes that seems really to be the case said the doctor

"Och vi ha endast två medel att välja på. Vi
And we have only two means to choose on We
                                                 (from)

skola börja med det lindrigaste. Jag skall hjälpa er
shall begin with the mildest I shall help you

att lägga er på magen."
to lay yourself on the stomach

När helomvändningen var effektuerad drog
When the total turn around was effected pulled

doktorn ned täcket, och blottade Peranders
the doctor down the cover and bared Perander's

akter, och så ven hans spanska rör genom
back(side) and so whined his Spanish cane through
     (then)

luften.
the air

"Oau!" lät Isidor ofrivilligt när röret
Ouch sounded Isidor involuntarily when the cane

drabbade hans bakdel.
struck his backside

"Kändes det?" frågade doktorn förvånad.
Was felt that asked the doctor surprised

"I-inte det minsta!" svarade Isidor. "Jag blev bara
N-not the least answered Isidor I became only

överraskad."
surprised

"Nej, jag kan tro det", sade doktorn. "Ni är ju
No   I   can believe that   said the doctor You are indeed

absolut   känslolös,   så var inte rädd,   ni kommer
absolutely without feeling so be not afraid you   come

inte att ha det minsta obehag   av behandlingen."
not to have the least discomfort of the treatment

Så   spottade han i nävarna,   grep   röret   och
So   spat   he in the fists grabbed the cane and
                      (the hands)

började arbeta.
began   to work

Perander hade aldrig fått så mycket smörj   i sitt
Perander had never got so much   trashing in his

liv, men han bet i kudden   och behärskade sig
life but he bit in the cushion and contained himself

medan hans bakdel   randades gul   och blå. Det
while his backside hatched   yellow and blue It
                      (became)

var svårt men det gick,   ty   han tänkte på de
was heavy but it went   since he thought on the
     (hard)   (was ok)   (of)

trehundra   i månaden.
three hundred in   the month

Till slut ställde läkaren ifrån sig käppen och
To   end   set   the doctor from   himself the stick and
At last

torkade svetten ur pannan.
dried   the sweat from the forehead

"Kändes det inte?" frågade han.
Was felt that   not   asked   he

"Nä--hm, nä, in-hinte ett dugg", svarade Isidor
No-hm   no   no-not   a   bit   answered Isidor

hjältemodigt.
heroically

"Då övergår vi till behandlingen nummer två",
Then over go   we to   the treatment   number   two
    (continue)   (with)

sade doktorn, och tog fram en kniv ur fickan.
said the doctor and took forth a   knife from the pocket

"Va tänker doktorn göra? frågade Isidor oroligt.
Wha thinks the doctor to do   asked   Isidor   restless
                                        (nervous)

85

"Var inte rädd, ni kommer inte att känna något",
Be not afraid you come not to feel anything

svarade doktorn leende.
answered the docter smiling

"Ja, men vad skall det bli av?"
Yes but what shall it become of
                    happen

"Åh, jag skall bara släppa ut det sjuka blodet ni
Oh I shall only let out the sick -the- blood you

har i benet. Det går så till, att man sticker in
have in the leg It goes so -to- that one sticks in

kniven till skaftet på ett par tre ställen på
the knife to the hilt on a pair (or) three -the- places on

båda benen, och i svåra fall sprätter man opp
both -the- legs and in hard cases scratches one up
                              cuts one open

det hela, men det käns..."
the whole but that is felt...

"Sprätta opp?" sade Isidor. "Vad menar doktorn."
Scratch up said Isidor What means the doctor

"Var lugn", sade doktorn. "Det är inte farligt alls",
Be   calm   said   the doctor   That   is   not   dangerous   (at) all

och han närmade sig målmedvetet med kniven
and   he   approached   himself   purposefully   with   the knife

i hand.
in   (the) hand

Isidor återfick plötsligt sina lemmars bruk och
Isidor   got back   suddenly   his   member's   use   and

flydde förfärad ur sängen.
fled   startled   from   the bed

"Doktorn får inte skära", skrek han.
The doctor   gets   not   cut   screamed   he
         (may)

"Vad nu då?" sade doktorn. "Kan ni röra er.
What   now   then   said   the doctor   Can   you   move   yourself

Det var ju roligt. Det är massagen, som verkar,
That   was   indeed   fun   That   is   the massage   which   works

den sätter blodet i omlopp, ser ni. Vi kanske
that   sets   the blood   in   circulation   see   you   We   maybe

borde ta   litet   till?"
should take (a) little more

"Nej, tack", sade Isidor. "Det här   räcker   fullkomligt.
No   thanks said Isidor   That here reaches   totally
                                               (is enough)

Tack så mycket för hjälpen, doktorn, nu   måste
Thanks so much   for the help -the- doctor now must

jag skynda mig   tillbaka till butiken."
I   haste   myself back   to   the shop

"Tjugu kronor kostar besöket", sade doktorn. "Och
Twenty crows   costs   the visit said the doctor And

får   ni återfall, så tar   vi behandlingen nummer
get you back-falls so take we   the treatment   number
          (it again)

två."
two

Isidor har aldrig fått   återfall.
Isidor has never gotten backfall's
                             (sick again)

EN ITALIENSK EPISOD

————

EN ITALIENSK EPISOD
An   Italian   Episode

Kupén   doftade av damm, gammal inpyrd
The compartment smelled of dust   old   imbued

smuts, mögel och vitlök, och det var med verklig
dirt   mold   and   garlic   and   it   was   with   true

förtjusning Åke såg den lille italienske
delight   Ake   saw   the little Italian

borgmästaren, svept i den värdighet han iakttagit
-the- mayor   wrapped in the   dignity   he   observed

under hela resan, plocka ihop sina effekter
under whole the journey pick together his effects
      the whole journey   (stuff)

och ge sig i väg när tåget stannade.
and give himself in (the) way when the train stood (still)
    (move)   (on)

"Nå, Gudskelov att man blev av med den", sade
Now praise God that one became off with that said

Åke ur sitt svenska hjärtas djup. "Opp med
Ake our his Swedish heart's depth Up with

fönstret nu, och in med frisk luft, det var
the window now and in with fresh air it was

själva tusan vad den lille fete kamorristen var
self the devil what that little fat mobster was
an enigma (why)

rädd för att släppa in sitt fosterlands klimat."
afraid for to let in his fatherlands climate

"Folk är likadana vart man kommer", anmärkte
People are such where-ever one comes remarked

Johan lugnt. "Är det inte likadant hemma i
Johan calm Is it not similar home in

Sverige, va?"
Sweden wha(t)

"Jo visst, ja visst!" svarade Åke. "Men det här var
Yes sure yes sure answered Ake But that here was

en helsikes stor station. Det måtte vara Bologna.
a hellish big station That must be Bologna

Petrus, du som rådbråkar lingot, stick ut ditt
Petrus you who wheel-break the language stick out your
(torture)

nordiskt blonda huvud genom fönstret och fråga
Nordish blond head through the window and ask

den där guldbeslagne kamorristen hur länge vi
that there gold-fitted -the- mobster how long we

står här."
stand here

"Nej, fråga någon annan", föreslog Johan. "Den där
No ask someone else proposed Johan That there

tycks ju vara järnvägstjänsteman, och en sådan
seems indeed to be the iron-road serviceman and one such
(the railway officer)

vet aldrig något om tågtiderna här i Italia."
knows never anything about the day times here in Italy

Men Petrus hade redan rest sig upp, stuckit ut
But Petrus had already raised himself up stuck out

huvudet genom fönstret och adresserat sig på
the head / through / the window / and / addressed / himself / on

särdeles grammatikalisk italienska till
especially / grammatical / Italian / to

järnvägstjänstemannen:
the iron-road serviceman
(the railway officer)

"Quanto tempo ci fermiamo in questa stazione?"
How much / time / we / stop / in / this / station
(Italian)

"Venti minuti, signore!"
Twenty / minutes / sir
(Italian)

"Vad säger kamorristen?" frågade Åke.
What / says / the mobster / asked / Ake

"Tåget stannar här i tjugu minuter", svarade
The train / stands / here / -in- / twenty / minutes / answered

Petrus. "Dom talar för resten en vacker dialekt i
Petrus / They / speak / for / the rest / a / beautiful / dialect / in

de här trakterna."
the / here / -the- regions

"Du är allt bra slängd i italiano", sade Johan
You are all well cast in Italian said Johan

erkännande.
acknowledging

"Åhja, tja, man redet sich!" svarade Petrus blygsamt
Ah yes well one speaks himself answered Petrus modestly

och ägnade en tacksam tanke åt den i
and dedicated a thankful thought at the in

Stockholm inköpta 50-öresparlören.
Stockholm acquired -the- 50-cents speaker guide

Men Åke grep sin mössa.
But Ake grabbed his hat

"Kom Johan, på tjugu minuter hinner vi se efter
Come Johan on twenty minutes get we to see after
to check out

om dom har någon katedral i den här stan, och
if they have some Cathedral in this here city and

jag är för resten törstig, ett glas chianti, eller vad
I am for the rest thirsty a glass chianti or what

det är dom kallar pilsnern här i landet, skall
it is they call the beer here in the land shall

smaka skönt. Du Petrus kan vänta här och vakta
taste beautiful You Petrus can wait here and guard

bagaget. Se efter att ingen stjäl något, glöm
the luggage See after that no one steals something forget
Make sure

inte att här i landet stjäl alla människor allt vad
not that here in the land steal all people all what

de komma över. Och håll särskilt ögat på
they come over And hold especially the eye on

pläden."
the plaid

Ett brett och soligt leende spred sig över Petri
A wide and sunny smile spread itself over Petrus'

hemtrevligt feta ansikte, när ordet pläden
home friendly fet face when the word the plain
(cozy)

nämndes, och hans blick smekte ömt det
is named and his look stroked tenderly that
(touched)

nämnda   kollit,   medan Åke och Johan hoppade
named   -the- package while Ake and Johan jumped

av   tåget   och försvunno   in   på   'il   ristorante'.
off the train and disappeared in -on- the restaurant

Innerst inne i pläden, mjukt bäddad bland filtar,
Deep down inside in the plaid softly bedded between wraps

låg nämligen en skatt,   medförd   från landet i
lay namely   a   treasure carried along from the land in

högan nord, och avsedd att tagas   fram i Monte,
the high north and intended to be taken forth in Monte

en sällsynt och dyrbar skatt,   en liter O. P. aqvavit.
a   rare   and dear   treasure a   liter O. P. aqua vita

Petrus var nära   att försjunka i   drömmar om
Petrus was almost to sink   into dreams   about

hur   öppnandet   av   denna O. P. lämpligen   skulle
how   the opening of   that   O. P. appropriately should

firas,   då   ett plötsligt ryck gick genom
be celebrated then a   sudden   jerk went through
          (when)

tågsättet.
the train set
(the train carriage)

"Ryck i helsingland!" sade Petrus skämtsamt till
Jerk in Helsingland said Petrus playful to

respläden.
the travel plaid

Men omedelbart därpå kom ett ryck till, och så
But immediately there upon came a jerk more and so

satte tåget sig i gång.
set the train itself in motion

"Dom växlar!" upplyste Petrus pläden. Men han
They change informed Petrus the plaid But he

hade orätt, ty tåget ökade alltmera farten
had un-right since the train increased all more the speed
was wrong

och var snart i så full gång som ett italienskt tåg
and was soon in so full go as an Italian train

kan vara. Och samtidigt kom Petrus ihåg att
can be And (at the) same time came Petrus in mind that

Åke hade hand om både hans biljett och hans
Ake had hand about both his ticket and his
      with him

pengar. Nåja, biljetten var det ju inte så
money Now yes the ticket was it indeed not so

noga med, för den hade konduktören redan sett,
particular with for that had the conductor already seen

men pengar, det är inte så angenämt att vara
but money it is not so pleasant to be

utan pengar i ett främmande land, av vars
without money in a strange country of whose

språk man inte känner mera än vad man kunnat
language one not knows more than what one could

inhämta av 50-öresparlören.
fetch of the 50-cents speech guide

Tio minuter senare anlände konduktören och
Ten minutes later arrived the conductor and

Petrus såg till sin fasa, att det varit
Petrus saw to his horror that it (had) been
                                (there)

konduktörsbyte   i Bologna.
the conductors change   in   Bologna

"Biglietto!" sade han och räckte ut handen.
Ticket   said   he   and   extended out   the hand

Petrus försökte en bluff.
Petrus   tried   a   bluff

"Vado   a Firenze!" sade han och låtsades försjunka
(I) go   to   Florence   said   he   and   seemed   sunk

i en tidning.
in   a   newspaper

"Favorisca   monstrare   il   suo   biglietto!"   sade
Be so nice   to show   -the-   your   ticket   said

konduktören, och denna gång var rösten skarpare.
the conductor   and   that   time   was the voice   sharper

"Biglietto?" sade han. "Si, si! Biglietto vergessen,
Ticket   said   he.   Yes   yes   Ticket   forgotten
                                                                        (German)

glömt, oublié? Begriper du?"
forgotten forgotten Understand   you
                (French)

Konduktören såg allt bistrare ut. För ett par
The conductor looked all more grim out For a few
started to look more grim

lire kunde han kanske överse med att en
Lire could he maybe oversee with that a

resande inte hade biljett, men bara brutet
traveling (person) not had (a) ticket but only brute

och utländskt prat imponerade inte på honom.
and foreign speech impressed not -on- him

"Biglietto, signore!"
Ticket sir

Då blev Petrus rasande. Hans italienska
Then became Petrus furious His Italian

ordförråd räckte inte till en förklaring, och han
word-storage reached not to an explanation and he
(vocabulary)

tillgrep svenskan.
resorted to Swedish

"Begriper du inte", röt han hotfullt, "att Åke har
Understand you not roared he threatening that Ake has

biljetten	och	han	blev	kvar	i	Bologna	med	både
the ticket	and	he	became	left	in	Bologna	with	both

den	och	pengarna.	Och	säjer	du	ett	ord	till
that	and	the moneys (the money)	And	say	you	one	word	to

krossar	jag	skallen	på	dej,	förbaskade	kamorrista."
crush	I	the skull	on	you	cursed	mobster

Konduktören	gick	omedelbart	vidare,	och	Petrus
The conductor	went	immediately	further (on his way)	and	Petrus

stod	som	segrare	kvar	på	slagfältet.	Han
stood	as	winner	remaining	on	the field of battle	He

trodde	att	det	var	hans	manliga	uppträdande	som
believed	that	it	was	his	manly	upstepping (conduct)	which

satt	skräck	i	konduktören,	och	kanske	hade	han
set	fear	in	the conductor	and	maybe	had	he (was)

rätt.	En	del	av	hans	samtida	anse	det
right	A	part	of	his	contemporary	view	that

emellertid	vara	mera	sannolikt	att	konduktören
however	was	more	true-like (likely)	that	the conductor

tagit honom för en kamorrist.
took   him   for a   mobster

I varje fall fick Petrus sitta i lugn och ro och
In each case got   Petrus to sit in peace and quiet and
(any)

smeka   ömsom   campagnan,   ömsom   respläden
caress alternately the countryside alternately the travel plaid

med sina blickar till   tåget   äntligen stannade i
with his   glances until the train finally   stood   in
(stopped)

Florens. Men   då   möttes   han av   ett annat
Florence But   then was met   he   of   an   other
(by)

problem. Han hade elva   kolli bagage,   och inga
problem   He   had   eleven packs (of) luggage and no

pengar.
money

Förut   hade alltid   en   av   reskamraterna   brukat
Before had   always   one   of   the travel buddies used

köra   ut   bagaget   genom   fönstret   till någon
to drive   out   the luggage through the window to   some
(to thrust)

svartmuskig bandit, medan någon av de andra
swarthy *bandit* *while* *some (one)* *of* *the* *others*

hoppat av och gjort sig klar att gripa
jumped *off* *and* *made* *himself* *ready* *to* *grab*

bemälde bandit för den händelse att han
before mentioned *bandit* *for* *the* *occasion* *that* *he*

skulle försöka ge sig av med kollina. Men nu
should *try* *give himself off get away* *with* *the pack* *But* *now*

gick inte det systemet. Nu måste Petrus klara
went *not* *that* *-the- system* *Now* *must* *Petrus* *clear*

sig själv.
himself *-self-*

Med stort besvär lyckades Petrus lasta på sig
With *great* *trouble* *succeeded* *Petrus* *to load* *on* *himself*

sex kolli, och praktisera sig av vagnen med
six *packs* *and* *practice (work)* *himself* *off* *the car (out of)* *with*

dem, för att ögonblickligen bli omgiven av ett
them *for* *to* *immediately* *be* *surrounded* *of* *a*

band operettrövare, som höggo sig
band (of) operetta robbers which hew themselves
(as Petrus saw the carriers)

fast i bagaget. Det var ett detachement ur
attached in the luggage It was a detachment out of

Firenzes stadsbudskår, som på detta sätt i
Florence's city couriers which on that side in
(manner)

överflödande välvilja sökte ta hand om
overflowing well wishing searched to take hand of

Petri bagage, men sällan har stadsbudskåren i
Petrus' luggage but rarely have the city couriers in

fråga mötts med så kallt oförstående.
question been met with so cold uncomprehending

Petrus vrålade invektiv åt operettbanditerna på alla
Petrus yelled invectives at the operetta robbers on all
(in)

av honom kända utländska språk, för att sedan
of him known foreign languages for to then

tillgripa svenska skällsord, och som han är hemma
resort to Swedish abuse words and as he is home

i	trakten	av	Delsbo,	äger	han	fullkomligt
in	the region	of	Delsbo	owns	he	fully

herravälde	över	denna	gren	av	sitt	vackra
mastery	over	that	branch	of	his	beautiful

modersmål.
mother tongue

Med	dettas	hjälp	lyckades	han	också	förmå
With	that	help	succeeded	he	also	to induce

stadsbudskåren	att	dra	sig	något	tillbaka,
the city couriers	to	draw	themselves	somewhat	back

dock	inte	på	långt	när	så	mycket	som	han	bett
though	not	on	far	near	so	much	as	he	asked
		(in)							

dem	dra,	och	efter	att	ha	satt	ned	sina	sex
them	to draw	and	after	that	he	sat	down	his	six
	(to move)								

kolli,	störtade	han	in	efter	de	andra	fem.	Hans
packs	crashed	he	inside	after	the	other	five	His

inneboende	misstroende	för	italienare	i	allmänhet
inner	mistrust	for	Italians	in	general

och 'facchini' i synnerhet kom honom att skynda
and porters in especially came him to hurry

mer än han någonsin skyndat förr, och däri
more than he anytime hurried before and there-in

gjorde han klokt, ty av hans sex kolli voro fem
did he smart since of his six packs were five

redan på väg till fem olika hotell. Det sjätte,
already on (the) way to five different hotels The sixth

pläden, fanns kvar, ty den hade två
the plaid was found left since that (one) had two

'facchini' gripit tag i för att bära åt var sitt
porters taken hold in for to carry at each his

håll, och de voro just i färd med att välja ut
direction and they were just in way with to select out

var sin mjuka, behagliga fläck på den andres
each his soft comfortable spot on the other's

kropp, där en stilett lämpligast kunde placeras,
body there a stiletto most preferable could be placed
(where)

när Petrus slog ned som en nordisk björn och
when Petrus struck down as a Norse bear and

slet tvisten genom att rycka till sig den dyrbara
cut the fight through to jerk to himself the dear

bördan. Genom en skarp hetsjakt över perrongen
-the- burden Through a sharp chase over the platform
(heated)

lyckades han återerövra även de andra fem
succeeded he to recapture even the other five

kollina, varefter en ny hetsjakt tog vid för att
-the- packs where after a new chase took with for to
(place)

få fatt i de sex andra, ty naturligtvis lade
get hold in the six others since of course laid

välvilliga bärare vantarna på dem så snart han
well-willing carriers the mittens on them so soon he
(the gloves) as soon as

vände ryggen till.
turned the back -to-

Att i detalj skildra Petri kamp mot de italienska
To in detail paint Petrus' battle with the Italian

bärarna   skulle bli för långt, det är tillräckligt att
-the- carriers should be too far it is enough to

konstatera att han efter en lång och het strid
note that he after a long and hot battle

lyckades samla sina elva kolli i en stor hög, på
succeeded to gather his eleven packs in a large heap on

vilken han sedan satte sig.
which he after sat himself

Omkring honom samlades på respektfullt avstånd
Around him gathered on respectful distance

Firenzes stadsbudskår, av vilka varje enskild
Florence's city couriers of which each individual

medlem med förtjusning skulle ha satt en kniv i
member with delight would have set a knife in

Petrus om han kunnat göra det utan
Petrus if he had been able to do that without

någon som helst risk. Men det var förbundet
some as preferably risk. But it was associated
any

med	en	viss	risk	för	en	'facchino'	att	närma
with	a	certain	risk	for	a	porter	to	approach

sig	Petrus	just	då.
himself	(to) Petrus	just	then

På	detta	sätt	hittades	han	av	Åke	och	Johan	när
On	that	way	was found	he	of	Ake	and	Johan	when

de	ett	par	timmar	senare	kommo	med	nästa
they	a	few	hours	later	came	with	(the) next

tåg	från	Bologna.	När	tåget	drog	in	på
train	from	Bologna	When	the train	pulled	in	-on-

stationen	hängde	de	ut	genom	vagnsfönstret
the station	hung	they	out	through	the car window

bleka	av	ängslan	för	Petri	och	resplädens	öde,
pale	of	anxiety	for	Petrus'	and	the travel plaid's	fate

och	det	jubelrop	som	höjdes	när	de	fingo
and	the	shout of joy	which	was raised	when	they	got

se	honom	lät	som	ett	härskri	från	det	gamla
to see	him	sounded	like	a	war cry	from	the	old

Germaniens dystra skogar.
Germany's   dark   forests

"Hej, gamle Petrus, roligt att se dig välbehållen.
Hey   old   Petrus   amusing to see you well-beholden
                                                    (safe)

Skaffa hit en kamorrist, som kan bära bagaget, så
Fetch   here a   mobster   who can carry the luggage so

far vi till hotellet och får oss lite mat."
get we to   the hotel and get ourselves (a) little food

'Facchini' närmade sig lystet men tveksamt.
(The) porter's approached themselves greedily but hesitating

"Nej", sade Petrus. "Ingen av dom där
No   said Petrus   None   of them there

fähundarna skall tjäna på oss. Vi tar bagaget.
-the- cattle-dogs shall serve on us We take the luggage

Jag svarar för fem kolli."
I   answer for five packs
     I'll take

"All right", sade Åke och grep respläden och ett
All   right   said Ake and grabbed the travel plaid and a

par väskor. "Har du något emot stadsbuden, så
few bags Have you anything against the city couriers so

kan vi ju själva bära bagaget till en droska."
can we indeed self carry the luggage to a cab

Och med det ledde han vägen.
And with that led he the way

Men Petrus, som tagit upp fem kolli satte ned
But Petrus who took up five packs sat down

dem igen och satte sig sedan själv på dem, ty
them again and sat himself after self on them since

hans knän vek sig.
his knees gave in themselves

Där respläden bars fram tecknade sig en
There the travel plaid was carried forth drew itself a
(Where)

smal, våt linje på perrongen...
small wet line on the platform
(trail)

EN LIVLIG JULAFTON

EN LIVLIG JULAFTON
A   Lively   Christmas Eve

Under   mina   vandringar   hit   och   dit   på
During   my   wanderings   here   and   there   on

jordskorpan   har   jag   firat   julafton   på   rätt
the earth's crust   have   I   celebrated   Christmas eve   on   right
(truly)

många   olika   sätt.   En   gång   firade   jag   den   för
many   different   manners   One   time   celebrated   I   the   for

oss   svenskar   så   betydelsefulla   dagen   med   att
us   Swedes   so   meaningful   -the- day   with   to
(by)

vandra   omkring   bland   starka   män,   dresserade
wander   around   between   strong   men   trained
(circus)

hundar   och   snurrande   tvåsous-rouletter   på   en
dogs   and   spinning   two-cents roulettes   on   a

marknadsplats i en fransk småstad; en annan gång
marketplace in a French small town an other time

när jag också befann mig söderut, blev jag
when I also found myself south became I

bjuden på resa till Egypten över december och
invited on (a) trip to Egypt over December and

januari, men började längta efter risgrynsgröt
January but began to long after rice -grains- porridge
(for)

och lutfisk, som jag inte smakat på diverse år,
and stockfish which I not tasted on multiple years
(for)

och ställde i stället kosan norrut, samt
and set in stead the course northward and so

firade jul under storm på Nordsjön. Men
celebrated Christmas during (a) storm on the North sea But

den livligaste julafton jag hittills varit med
the most lively Christmas eve I until now have been along

om, var julaftonen 1904 i Minneapolis, Minnesota,
for was Christmas eve 1904 in Minneapolis Missesota

U.S.A.
U.S.A.

Jag hade anställning vid en svensk-amerikansk
I had (a) job with a Swedish-American

tidning och hade det ganska omväxlande. Min
journal and had it very diverse My

uppgift där var nämligen att dammtorka, läsa
task there was namely to clean dust read

korrektur, skriva notiser, sälja svenska böcker och
corrections write notices sell Swedish books and

vykort samt elda centralvärmeledningen,
postcards together with burn the central heating

vilket senare uppdrag jag skötte med sådan bravur
which later mission I fulfilled with such bravado

att brandkåren en vacker natt måste tillkallas.
that the fire brigade one beautiful night had to be called

Nåja, den behövde inte stanna länge. Det brann
Now yes it needed not to stay (for) long It burned
(Well then)

115

bara i den trälåda, där jag, förtänksamt nog,
only in the wooden box there I prudently enough
(where)

brukade lägga den heta aska och glödande kolstybb
used to lay the hot ashes and glowing embers

som jag kratsade ut ur värmepannan, och
which I buffed out of the heat pan and
(scratched) (the boiler)

eftersom spegelrutan, som brandkarlarna kommo
since the mirror window which the firemen came
(the large window)

in genom, var försäkrad, slutade min intervju med
in through was insured closed my interview with

chefen så, att han välvilligt, om också utan
the boss so that he sympathetically if also without

entusiasm, sade åt mig att jag fick behålla platsen.
enthusiasm said to me that I got to keep the job

Tidningen hade sin officin i affärscentrum på
The journal had its printing office in the business center on

Mississippis västsida, jag bodde hos min vän
Mississippi's west side I lived with my friend

Rosén på östsidan, långt från all ära och
Rosen on the east side far from all glory and

redlighet, där fabriker och potatisfält ännu
uprightness where the factories and potato fields still

höllo stånd mot stadens framryckning, och där
held stand against the city's advance and there
withstood (where)

järnvägarnas växelspår gingo fram i gatans plan.
the iron roads sidetracks went forth in the street plan
(the railway)

Det var billigt att bo där.
It was cheap to live there

På slaget sex på julaftons eftermiddag
On the strike (of) six on Christmas eve's afternoon

lämnade jag officinen för att resa hem och
left I the printing office for to travel home and

äta plumpudding i Rosénska familjens sköte. Han
eat plum pudding in Rosen's family's lap He

var postexpeditör, och vi hade kommit överens
was mail clerk and we had -come- agreed

om, att om jag tog den spårvagn som två
about that if I took the rail-car which two
streetcar

minuter över sex körde från hörnet av sjätte
minutes over six drove from the corner of sixth

gatan och första avenyen, så skulle han möta
-the- street and first -the- evenue so should he meet

vid hörnet av Hennepin- och
at the corner of Hennepin- and

Washingtonavenyerna, så att vi skulle få sällskap
-the- Washington avenues so that we should get company

hem. Men vid hörnet mötte jag unga
(on the way) home But at the corner met I young

Bessie, som brukade sälja strumpor till mig i
Bessie who used to sell socks to me in

Plymouth-stores Basements-salesroom, och vem kan
Plymouth-store's Basement-salesroom and who can

motstå ett par vackra irländska ögon? Jag var
withstand a pair (of) beautiful Irish eyes I was

nitton   år   och   kunde   det   inte.
nineteen years and   could   that   not

Naturligtvis   glömde   jag   både   spårvagnen   och
Of course   forgot   I   both   the rail-car and
                                     (the streetcar)

Rosén,   för   att   sjunka   i   ett   sällhetsrus,   som
Rosen   for   to   sink   in   a   happiness-bliss which

dock   tyvärr   blev   av   ganska   kort   varaktighet,
however unfortunately became   of   very   short   reality

för   Bessie   skulle   med   8:de   avenyvagnen   åt
for   Bessie   should   with   the 8th -the- avenue car to

andra   hållet   och   reste   tre   minuter   senare   sin
other   the side   and   traveled   three   minutes   later   her
the other side   (went)

väg,   hjärtlöst   nog   utan   att   låta   mig
way   heartless   enough   without   to   let   me

göra   sällskap.   Om   två   minuter   steg   jag,   betydligt
make   company   At   two   minutes   stepped   I   considerably
go without her

avkyld,   på   vagnen   till   Central   avenue,   för   att   fara
cooled off on   the car   to   Central   avenue   for   to   travel

hem till plumpuddingen.
home to   the plum pudding

Vid Hennepin- och Washingtonhörnet tittade jag
At Hennepin- and -the- Washington corner looked I

pliktskyldigast efter Rosén, men han var inte där.
dutifully after Rosen but he was not there
         for

Tydligen hade han, enligt överenskommelse,
Clearly had he according to the agreement

farit med föregående vagn, och eftersom jag
traveled with (the) before going car and since I

hade all anledning förmoda att han skulle hitta
had all readon to suspect that he should find

hem ensam, for jag bekymmerfritt vidare nedför
home alone went I worry free further down

avenyen, på den långa bron över Mississippi och
the avenue on the long bridge over (the) Mississippi and

vidare framåt den oändliga Central-, mot 18:de
further ahead the endless Central- towards 18th

avenyen.
avenue

Men i närheten av sextonde avenyen stannade
But in the vicinity of sixteenth avenue stood

vagnen. Det hördes en ropandes röst vid
the car It was heard a calling voice at
(There)

främre plattformen men man kunde icke urskilja
front -the- platform but one could not discern
the front platform

vad den sade, och stålnätsgrindarna, som stängde
what it said and the steel grid gates which closed

av bakre plattformen, öppnades inte. Det blev
off rear the platform opened not It became
the rear platform (People)

oroligt i vagnen.
restless in the car

"Varför kör ni inte vidare? Va.. står ni här
Wherefore drive you not farther Wha.. stand you here

för? Rör på spelet! Är det meningen att den här
for Move on the game Is it the opinion that this here
Move it

vagnen ska bli ett hotell, och stå här jämt?"
car shall become a hotel and stand here forever

Konduktören kunde inte besvara alla de frågor
The conductor could not answer all the questions

som slungades mot honom. Men då öppnade
which were thrown at him But then opened

föraren sin lilla lucka och sade: "Linjen är
the driver his little hatch and said The line is

blockerad! Det har hänt en olycka längre fram!"
blocked That has happened an accident farther ahead
There happened

"Öppna grindarna! Öppna grindarna!" Vi voro ett
Open the gates Open the gates We were a

tjugutal friska viljor som slungade oss mot
twentysome healthy wills who cast ourselves against
(strong)

nätgrindarna och röto med våra lungors fulla
the grid gates and bellowed with our lungs full

kraft. En olycka! Då måste man naturligtvis
strength An accident Then must one of course

dit. Genom opinionens makt övertygad om att
(go) there Through the opinion's power convinced about that

grindarna borde öppnas tog föraren ett tag i sin
the gates should be opened took the driver a pull in his

handspak så att de svängde upp, och i nästa
hand lever so that they swang open and in (the) next

ögonblick etablerades kapplöpning mot
moment was established (a) race towards

olycksplatsen.
the place of accident

Mina långa ben gjorde mig till etta, men
My long legs made me to one but
(first)

ambulansen, som med dånande gong-gong kom i
the ambulance which with thunderous gong gong came in
(bell sound)

fullt galopp, körde i alla fall förbi mig. Som god
full galop drove in all falls past me As good
any case

tvåa lyckades jag ändå placera mig.
second succeeded I still to place myself

123

När	jag	kom	fram	till	olycksplatsen	stod	det
When	I	came	forth	to	the place of accident	stood	it (was)

genast	klart	vad	som	hade	hänt.	Ett	växelspår
immediately	clear	what	that	had	happened	A	side track

gick	vid	18:de	avenyen	snett	över	gatan	och
went	at	18th	avenue	diagonally	over	the street	and

på	detta	stod	ett	lokomotiv,	medan	en	spårvagn
on	that	stood	a	locomotive	while	a	railcar (streetcar)

låg	kullvräkt	tvärs	över	järnvägsspåret.	Den
lay	overturned	across	over	the railway track	The

spårvagn,	som	jag	skulle	ha	åkt	med.	Tydligen
streetcar	which	I	should	have	gone	with	Clearly

hade	föraren	haft	dålig	utkik,	och	försökt	köra
had	the driver	had	bad	lookout	and	tried	to drive

över	järnvägsspåret	utan	att	förvissa	sig	om
over	the railway track	without	to	assure	himself	if

allt	var	klart.
all	was	clear

Min första tanke gällde Rosén. Var han en av
My first thought concerned Rosen Was he one of

de döda, som bars in i verkstaden bredvid,
the dead who was carried in into the workshop next to it

eller fanns han bland de sårade, som
or was found he between de wounded who

brandkarlarna snabbt och varsamt
the fire men fast and cautiously

langade in i ambulansvagnen? Jag
passed from hand to hand in into the ambulance car I

trängde mig fram.
forced myself ahead

Nej, där stod min vän! Vit som ett lik, men
No there stood my friend White as a corpse but

dock inte ett lik, och darrande i alla leder.
however not a corpse and trembling in all members

En liten beskäftig herre skrev just upp hans
A little fussy gentleman wrote just up his
(down)

namn och adress när jag hann fram, och
name and address when I managed (to get) ahead and

ett par bekanta hade redan
a few acquaintances had already

tagit hand om honom.
taken hand of him
started to help him

"Är du skadad?"
Are you hurt

Han stirrade på mig halvt som i en dröm, så
He stared at me half as in a dream so
(then)

kände han plötsligt igen mig, ryckte upp sig och
knew he suddenly again me jerked up himself and
he suddenly recognized

svarade:
answered

"Nej, men vilken upplevelse, vilken förfärlig
No but what (an) experience what terrible

upplevelse!"
experience

126

Jag förstod honom. Min vän Rosén var ingen
I understood him My friend Rosen was no

modig man, det hade jag märkt vid ett och
courageous man that had I noticed at one and

annat tillfälle förut, och olyckan hade skrämt
another occasion before and the accident had scared

honom från vettet. Men annars var det intet
him from the wit But otherwise was it nothing
(out of) (his wits) (there)

fel på honom, och när han fått tid att hämta
wrong on him and when he got time to fetch
(with)

sig skulle han inte ha något men av det. Jag
himself should he not have any harm of that I

lät de andra ta hand om honom, och
let the others take hand about him and
care of

intresserade mig åter för det som hände och
interested me again for that which happened and

skedde omkring mig.
happened around me

En redskapsvagn kom körande med rasande fart
A repair car came driving with furious speed

och med rent otrolig snabbhet var den påkörda
and with clean unbelievable speed was the driven on

vagnen vräkt ett stycke åt sidan och spåret
-the- car heaved a piece at the side and the track

klart igen. Ambulansen körde åter sin väg och
cleared again The ambulance drove again its way and

nedifrån avenyen närmade sig en rad
down from the avenue approached itself a row
(succession)

spårvagnar, som av olyckan bringats i
(of) streetcars which of the accident were brought in
(to)

stockning.
stoppping
(a stop)

Men bland folkmassan, som samlat sig
But among the mass of people who gathered themselves

hördes ett hotande mummel som växte och steg.
was heard a threatening murmur which grew and rose

Två eller tre människor hade blivit dödade genom
Two or three men had been killed through

en spårvägsmans försumlighet, flera skadade, och
a railway-man's negligence more hurt and

massan var böjd för att utkräva en summarisk
the mass was inclined for to wreak a summary

hämnd på spårvägsmännen. Dessa hörde mumlet,
revenge on the railway-men These heard the murmur

sågo massans allt mer hotande hållning och slöto
saw the mass all more threatening stance and closed

sig tätare tillsammans, och från
themselves tighter together and from

redskapsvagnen hämtade de skruvnycklar och
the repair car fetched they spanners and

andra småsaker, som kunde bli användbara.
other small things which could be usable

Med klingande klockor närmade sig
With sounding bells approached themselves

spårvagnarna sakta och folkmassan gav
the streetcars slowly and the mass of people gave

motvilligt väg för dem. Men plötsligt sprang en
voluntarily way for them But suddenly jumped a

man upp på den främsta vagnens skyddsskärm,
man up on the first -the- car's protection screen

som parallellt med marken sköt ut från vagnen
which parallel with the ground shot up from the car

på en decimeters höjd. Han hade tydligen firat
on a decimeter's height He had clearly celebrated

julafton, ty han vajade litet, och med
Christmas eve since he swayed (a) little and with

vänstra handen måttade han ett slag mot
left the hand swung he a strike towards
the left hand

föraren där innanför rutan.
the driver there inside before the window

Jag, som stod ett par steg därifrån, ämnade
I who stood a few steps from there aimed

springa fram för att hindra honom, men skuffades
to jump ahead for to impede him but was shunted

åt sidan av en spårvägsman som rusade fram och
at the side of a railway-man who rushed forth and
(by)

placerade sin näve mot den drucknes
placed his fist against the drunken's
(drunken man's)

underkäke. Karlen slungades till marken och låg
under jaw The man was thrown to the ground and lay

stilla. Det var en ren och klar "knock-out".
still That was a clean and clear knock-out

Sekunden därefter vacklade spårvägsmannen bakåt,
The second there after staggered the railway-man back

själv träffad av en näve i ansiktet, ty med ett
himself hit by a fist in the face since with a

rytande gick massan till anfall mot
roaring went the mass to attack against
(roar)

spårvägsmännen, som genast, med skruvnycklar
the railway-men who immediately with spanners

och andra tillhyggen i högsta hugg, mötte med
and other weapons in highest cut met with
raised high

ett motanfall. Just där de båda svallvågorna
a counter attack Just there the both -the- swelling waves

möttes stod jag, och jag greps genast av en
met stood I and I was taken immediately by a

livlig önskan att befinna mig på någon annan
intense desire to find myself on some other

plats på jordklotet. Jag hade ingen anledning att
place on the earth-globe I had no reason to

blanda mig i leken tyckte jag, det var ju
mix myself in the game thought I it was surely

inte jag, som blivit ihjälslagen, och jag beslöt att
not I who became killed and I decided to

snarast möjligt förflytta mig ut ur stridens
as soon as possible flee -myself- out of the battle's

centrum.
center

Men striden stod mellan spårvägsmän och civila.
But the battle stood between railwaymen and civilians

Jag var civil, och mina fredliga avsikter syntes
I was civilian and my peaceful intentions were felt

inte utanpå. En skruvnyckel, förd av en
not on the outside A spanner handled by a

kraftig gråklädd arm, susade mot min stetsonhatt,
strong gray dressed arm swished at my stetson hat

men jag parerade och vek undan.
but I parried and turned away

Spårvägsmannen nummer två lyckades jag också
The railway man number two succeeded I also

undvika men rusade mitt i armarna på en tredje
to dodge but rushed middle in the arms on a third
(of)

som prompt och snabbt slog till. Jag lyckades
who immediately and fast struck -to- I succeeded

endast delvis parera, och slaget, som träffade
only partly to parry and the blow which hit

133

högra kinden,   satte   mina   bohuslänska   förfäders
right   the cheek set   my   bohus land's   forefather's
the right cheek

vikingablod i   svallning.
viking blood in   swelling
                  (motion)

Spårvägsmannens   näve   susade   redan   för   andra
The railway man's first rushed   already for   other

gången   mot   mitt   ansikte. En   lätt   böjning   på
the time towards my   face   A   light bending   on
                                                          (of)

kroppen och   slaget   gick   förbi, pang, min vänstra
the body and   the blow went   past   pang   my   left

slog   till   i   hans plexus   solaris   strax   under
struck -to-   in   his   plexus   solaris   right   under

bröstbenet,   och   då   han med   båda   händerna   tog
the breast bone and then he   with both   -the- hands took
                     (when)

sig   åt mellangärdet slog den högra som en blixt
himself at the middle   hit   the right as   a   flash

mot   hans underkäke. Karlen   vacklade   ett par
towards his   lower jaw   The man staggered a   few

steg tillbaka, föll och blev liggande. Det var
steps back fell and became lying That was

också en "knock-out", min första, och jag kan inte
also a knock-out my first and I can not

förneka, att det kändes lite underligt.
deny that it felt (a) little wonderful

Men jag hade inte lång tid att reflektera över
But I had not long time to reflect over

saken. Ett ansikte skymtade framför mig och jag
the thing A face loomed before me and I

slog till, så fick jag ett slag i nacken så att det
hit -to- so got I a blow in the neck so that it
(then)

sjöng i huvudet, jag svängde runt, men i
sang in the head I swung round but in

detsamma föreföll det mig som om en
that same seemed it me as if a

stångjärnshammare träffat mig under örat--
bar iron hammer hit me under the ear
(tilthammer)

När mitt intresse för omgivningen åter vaknade
When my interest for the environment again awoke

satt jag på gatan ett stycke längre bort. Stridens
sat I on the street a bit farther away The battle's

vågor gingo ännu höga, men slaget under örat
waves went still high but the blow under the ear

hade avkylt vikingablodet och jag hade ingen
had cooled off the viking blood and I had no

lust att åter blanda mig i leken. Med någon
desire to again mingle myself in the game With some

möda steg jag upp och borstade av mig, och med
trouble rose I up and brushed off me and with

ett vemodigt leende konstaterade jag att även jag
a melancholy smile noted I that even I

fått mottaga en med frikostig hand utdelad
got to incur a with generous hand dispensed

"knock-out".
knock-out

Plötsligt hördes piketvagnens gonggong ringa på
Suddenly was heard the picket car's gong gong ring on
(the police car's) (bell sound)

avstånd, den kom i galopp närmare och de civila
(a) distance it came in galop closer and the civilian

elementen skingrades som agnar för vinden, och
elements dispersed as chaff before the wind and

som inte heller jag hade lust att råka ut för
as not either I had desire to chance -out- before

poliskonstaplarnas battonger kilade jag i väg
the police constables' batons scampered I in (the) way
(on)

hem för att se hur Rosén mådde.
home for to see how Rosen made
(was doing)

Han mådde bra, hade lugnat sig, fått lite färg
He made well had calmed himself got little color
(was doing)

i kinderna, och satt nu i skötet av sin familj och
in the cheeks and sat now in the lap of his family and

berättade för sextiosjätte gången hur det hela
told for the sixty-sixth -the- time how that whole

137

gick till och hur det kändes när växelloket
went -to- and how it felt when the switch engine

körde på vagnen och glasflingorna flögo som snö
drove on the car and the glass pieces flew as snow

kring passagerarna. Själv hade han sluppit undan
around the passengers Self had he escaped -away-

med skräcken och det var han, som sig borde,
with the scare and that was he as oneself should

tacksam för. När man varit så nära att få
thankful for When one was so close to get

fira julafton på bårhuset har man vissa
to celebrate Christmas eve on the mortuary has one certain
(in)

förutsättningar att uppskatta hemmets visserligen
presumptions to estimate the home's surely
(reasons)

inte lugnare, men ljusare och gladare omgivning.
not quieter but lighter and happier surroundings

Sedan jag tvättat av mig dammet efter bataljen
After I washed off me the dust after the battle

och fått på mig rena kläder firade vi
and got on me clean clothes celebrated we

julen enligt gammalt recept, eller
-the- Christmas according to old recipe or

rättare, efter två recept, det amerikanska och det
righter after two recipes the American and the
(more true)

svenska, så att lutfisk och gröt, plumpudding
Swedish so that stockfish and porridge plum pudding

och kalkon, julgran, järnek och mistel
and turkey Christmas tree holly and mistletoe

förekomma i ljuv och innerlig förening. I
occur in love and intense unification In

synnerhet fann jag misteln ljuv, ty Roséns
especially found I the mistletoe love since Rosen's

unga kusin var ganska söt. Fram på kvällen
young cousin was quite sweet Further on the evening

kom bemälda unga kusin till mig med ett
came before mentioned young cousin to me with a

bekymrat ansikte.
worried face

"Det är simply disgusting", sade hon på sitt vackra
That is simply disgusting said she on her beautiful
(in)

blandspråk. "Jag rent forgettade Annies
mixed speech I clean forgot Annie's

julklapp at home, och nu måste jag fetcha
Christmas present at home and now must I fetch

den. Vill du mäka kompani?"
it Will you make company

Ja, visst ville jag följa den unga kusinen hem
Yes sure wanted I follow the young -the- cousin home

och hämta paketet, fastän hon bodde ännu längre
and fetch the packet although she lived even farther

bort i utkanten av staden, i Columbia Heights,
away in the outside of the city in Columbia Heights

det östligaste som finns på östsidan. Utan att
the easternmost that is found on the east side Without to

väcka någon uppmärksamhet kilade vi i väg.
awake any notice scampered we in (the) way (on)

Paketet hämtades i vederbörlig ordning och vi
The packet was fetched in due order and we

voro på väg tillbaka, när ett par skott smällde
were on (the) way back when a few shots sounded

inne i en krog ett par hus från den plats där
inside in a pub a few houses from the place there (where)

vi befunno oss. Utanför krogen stod en buggy,
we found ourselves Out before the pub stood a buggy

en lätt fyrhjulig vagn, i vilken satt en figur
a light four wheel car in which sat a person

insvept upp till näsan i en lång rock.
wrapped up to the nose in a long coat

"Åh kom, for heavens sake, låt oss hurry! Nu fajtar
Ah come for heaven's sake let us hurry Now fight

dom där inne också." Och som jag inte hade
they there inside also And as I not had

någon anledning att blanda mig i saken,
any reason to mingle myself in the business

fortsatte vi vår väg.
continued we our way

En minut senare small det åter skott, men nu
A minute later sounded -it- again shots but now

ute på gatan, och med ett hastigt grepp tvingade
out on the street and with a hasty grab forced

jag flickan bakom närmaste hörn, och följde själv
I the girl behind the nearest corner and followed self

efter. Det är inte hälsosamt att komma i vägen
after It is not healthy to come in the way

för förlupna kulor.
for runaway bullets
(of)

Ögonblicket därefter kom buggyn i ursinnig fart
The moment there after came the buggy in furious speed

rusande förbi och nu åkte ytterligare två män,
rushing past and now went (an) additional two men

som sköto bakåt. Skotten besvarades av karlar,
who shot backwards The shots were answered by men

som kommit ut från krogen.
who came out from the pub

Flickan vägrade att vända om för att på ort
The girl refused to turn around for to on place

och ställe se vad som hänt, och alltså fortsatte
and stand see what that happened and also continued

vi hem till julklappsutdelningen. Men på
we home to the Christmas presents distribution But on

juldagen voro tidningarna fulla av saken. På
-the- Christmas day were the newspapers full of the thing On

saloonen hade man haft en enkel fest och lottat
the saloon had one had a simple party and raffled
(they)

ut en kalkon, när mitt i festligheterna två
out a turkey when middle in the festivities two

maskerade män stego in, sköto ned bartendern
masked men stepped in shot down the bartender

143

och en av gästerna samt togo kassan plus
and one of the guests and took the cash plus

gästernas klockor och pengar och åkte bort i
the guests watches and money and went away in

buggyn. Bytet var inte värt många tiotal dollar.
the buggy The loot was not worth many tens (of) dollars

Det stod också i tidningen om spårvägsolyckan
It stood also in the newspaper about the railway accident

och min vän Rosén hade på grund av sitt
and my friend Rosen had on ground of his
(for) (reason)

vettskrämda utseende blivit antecknad som sårad,
frightened look become noted down as wounded

vilket föranledde honom att genast lägga sig
which caused him to immediately lay himself

sjuk för att få ersättning av bolaget. Han låg en
sick for to get compensation of the company He lay a

vecka och väntade på bolagets ombud, men på
week and waited on the company's agent but on
(for)

nyårsdagen tröttnade han och steg upp. Då
-the- new years day   tired   he   and   rose   up   Then

kom ombudet. Rosén begärde tusen dollars i
came   the agent   Rosen   wanted   thousand   dollar   in

ersättning för de skador han inte fått, och fick
compensation   for   the   damage   he   not   got   and   got

hundra. Om han varit sängliggande hade han nog
hundred   If   he   was   bed-lying   had   he   still
                              (lying in bed)

fått femhundra.
got   fivehundred

Mördarna grepos någon vecka senare, och
The murderers   were caught   some   weeks   later   and

åtminstone en av dem blev mycket ordentligt
at least   one   of   them   became   quite   properly

hängd.
hung